JN494646

치료자의 자기분석과 성장을 위한 워크북

Jeffrey A. Kottler 저 · 백용매 역

The Therapist's Workbook

WILEY

학지사

The Therapist's Workbook: Self-Assessment, Self-Care, and Self-Improvement Exercises for Mental Health Professionals
by Jeffrey A. Kottler

Korean Translation Copyright © 2006 by Hakjisa Publisher
The Korean translation rights arranged with John Wiley & Sons International Rights, Inc.

Copyright © 1999 by John Wiley & Sons, Inc.

All rights reserved.

본 저작물의 한국어판 저작권은
John Wiley & Sons International Rights, Inc.와의
독점계약으로 학지사가 소유합니다.
신 저작권법에 의해 한국 내에서 보호를 받는 저작물이므로
무단전재와 무단복제를 금합니다.

역자 서문

그동안 심리치료에 관한 강의와 치료자로 활동하면서 유능한 치료자가 된다는 것이 쉽지 않다는 사실을 자주 느끼곤 하였다. 문제가 되는 것은 심리치료의 이론과 기법에 관한 지식보다는, 치료자로서 성숙한 삶의 자세와 태도였다는 사실을 인정하지 않을 수 없다.

심리치료를 하면서 실로 많은 사람들을 만났다. 그들과의 만남을 통해 삶의 고통과 슬픔을 알게 되고, 또 삶이 가져다주는 힘겨운 무게를 실감하기도 하였다. 그러나 한편으로 치료자가 된다는 것은 기쁜 일이기도 하였다. 치료적 만남을 통해 사람들이 변해 가는 것을 보면서 가슴 뭉클할 때도 있고, 그들이 느끼는 삶의 무게가 한층 가벼워진 듯한 모습을 보일 때는 동반자로 함께 했던 고통스러운 시간들이 큰 희열로 돌아오기도 하였다.

동시에 치료자가 내담자의 문제에 집중하고, 내담자라는 한 인간의 성장을 위해 때로는 동반자로, 때로는 스승의 역할을 하면서 진정으로 사랑하는 관계를 유지해야 한다는 지극히 평범한 사실을 잘 인식하고 있으면서도, 만남의 과정에서 이를 실천에 옮기는 것은 늘 쉽지 않은 일이었다. 그것은 치료자라는 존재가 타인이 겪는 삶의 문제를 해결하는 조력자로서의 전문적인 역할을 해야 하기도 하지만, 치료자 역시 내담자와 똑같이 삶의 여러 문제들을 겪으면서 살아가고 이와 관련하여 기쁨, 좌절, 분노, 절망의 감정 등을 느끼는 한 개인이라는 것 때문이다. 치료자라고 하여 삶의 모든 문제로부터 자유로울 수 없고, 또한 모든 문제를 효과적으로 잘 해결하는 것도 아니다.

그럼에도 오늘날 많은 사람들이 치료자로서의 삶을 살기를 원하고 있다. 전통적인 심리치료사나 상담자뿐만 아니라 음악치료사, 원예치료사, 미술치료사, 독서치료사, 작업치료사, 특수교사 등 타인을 돕는 문제에 있어서 전문가로 활동하기를 원하는 사람들이 늘어 가는 추세다. 물론 이들이 치료자가 되려는 이유는 각각 다를 것이다. 자신의 심리적 문제를 해결하고 싶어서 치료자가 되려는 사람도 있을 것이고, 타인을 돕는 일이 즐거워서 치료자가 되려는 사람도 있을 것이다. 또 전문직에 종사하고 싶거나, 가족 중 심리적인 문제를 가지고 있는 사람이 있어서 치료자가 되려는 사람들도 있을 것이다. 치료자가 되려는 동기는 다를지라도 그들이 유능한 치료자가 되기 위해 생각해야 할 공통적인 요소는 바로 자신의 문제로부터 자유로워야 하고, 자신의 삶을 충실하고, 기쁘게, 감사하는 마음으로 살아가는 사람이 치료자로서의 역할도 잘 수행한다는 사실이다.

이 책은 치료자가 되기를 희망하는 사람들을 돕기 위하여 쓰인 책이다. Jeffrey A. Kottler는 심리치료분야 중에서도 치료자의 삶과 역할, 업무와 관련된 분야에서 많은 연구와 저술활동을 하고 있는 전문가다. 캘리포니아 주립대학교에서 교환교수로 있는 동안 우연히 이 책을 접하게 되었는데, 평소 내가 고민하고 관심을 가져왔던 주제여서 쉽게 마음에 와 닿았다. 이 책은 워크북 형태로, 치료자가 되려는 사람이면 누구나 자신의 고민과 갈등을 해결할 수 있도록 편집되어 있으며 자기 치유에 도움이 되도록 구성되어 있다. 자신이 왜 치료자가 되려고 하는지, 치료과정에서 느끼는 주요 스트레스는 무엇인지, 자신이 가진 역전이 문제는 무엇인지, 치료과정에서 자주 실패하는 이유가 무엇인지를 알기 위한 작업은 분명 이후의 치료 작업에 도움을 줄 것이다. 또한 치료자로서 느끼는 기쁨이 무엇인지, 어떻게 하면 치료자가 더 많은 만족감을 느끼며 살아갈 수 있는지, 치료자가 만나는 사람들과의 관계를 원만하게 이끌어 가기 위해서는 어떤 자세가 필요한지에 대해 분석하고 평가하는 작업은 한 인간으로서 삶을 사는 데도 긍정적인 영향을 미칠 것이다. 이 워크북은 치료자가 겪을 수 있는 다양한 삶의 문제를 분석하고 이해하고, 해결점을 찾도록 하는 방안을 제시하기 때문에 치료자로서의 역량을 발휘하는 데도 분명 도움이 될 것으로 생각한다.

번역과정에서 매끄럽게 표현하기 위하여 노력하였지만 저자의 뜻을 살리기 위하여 의역하지 않고 그대로 번역하다 보니 의미 전달이 미진한 부분도 있을 것이라는 생각이 든다.

출판과정에서의 어려움에도 불구하고 이 워크북의 출간을 위해 물심양면으로 지원해 주신 학지사 김진환 사장님과 편집을 맡아 주신 편집부 직원들에게도 감사를 드린다. 그리고 원고의 교정과 정리, 편집을 도와준 윤창수 군에게 고마움을 전한다.

2006년 8월

물빛 고을에서 백용매

차 례

개 요

당신이 이 책을 읽는 이유는 대부분의 치료자들이 얼마나 바쁘게 살고 있는지를 이 책이 잘 보여 주기 때문일지도 모른다. 또, 이 책은 이야기의 실제적인 부분을 당신이 직접 작성하도록 요구하며 당신에게 더 많이 관여하도록 요청하기 때문에 이 책을 선택했을 수도 있다.

혹시 당신은 치료에 관해, 그리고 임상가로서 자신의 경험에 관해 책을 저술하기를 원한 적이 있는가? 나는 이 책을 통해 당신을 돕는 안내자 역할을 하려고 한다. 당신이 매일 내담자에게 적용하는 것을 당신 자신의 삶에도 응용해 보도록 함으로써 당신을 안내하려고 한다. 나는 치료업무에서 당신에게 가장 많은 즐거움을 가져다 주는 것과 가장 적은 즐거움을 주는 것이 무엇인지를 검토해 보려고 한다. 이러한 과정은 당신에게 현재 자신이 겪고 있는 어려움이 무엇인지를 알게 해 주고, 또 목표를 설정하게 해 주고, 또 당신이 주로 사용해 오던 방식들을 변화시키기 위한 계획들을 구조화하는 데 도움을 줄 것이다. 비록 당신이 지금 자신의 생활방식과 치료자로서의 일에 만족하고 있을지라도 이 여행은 어떤 방법이 다른 사람에게 더 도움이 되는지, 또 어떻게 하는 것이 당신에게 보다 큰 만족감을 주는 것인지에 대해 더 잘 알도록 도와 줄 것이다.

왜 이 책을 읽는가?

치료자라는 존재에 대하여 쓴 이 책이 당신에게 호소력을 갖는 이유는 여러 가지일 것이다. 첫째, 당신은 타인을 돕는 사람들의 내적인 세계, 특히 치료의 실제 현실에 관해 더 많은 것을 배워 이 분야의 개척자가 될 수 있기 때문이다. 또 당신이 매일 경험하는 스트레스에 대해서 지금보다 더 능숙하게 대처할 수 있고, 또 당신의 직업에서도 더 많은 만족감과 충족감을 얻게 되는 숙련자가 될 수 있도록 하는 데 기여하기 때문이다.

치료자를 위한 경험적 여행을 구조화하는 데 있어서 당면하게 되는 하나의 난제는 대부분의 임상가들은 적어도 각각 그 자체로 요구사항이 있는 다음 두 가지 직업 환경 중 한 곳에서 일을 하고 있다는 사실이다. 첫째, 전문직에서의 변화와 관리진료제도로 인해 전문가로서의 역할과 사업주로서의 역할 사이에서 고립감을 느끼고 있고, 또 자율성과 수입 손실 같은 문제에 직면해야 하는 개업의들이 있다. 둘째, 위기 상황에 처한 장해가 심한 환자를 치료해야 하는 사회적 서비스직에 종사하는 사람들이 있다. 비록 이 분야의 임상가들이 개업의들만큼 많은 고립감을 느끼지는 않겠지만 이상적인 조건이 갖추어지지 않은 곳에서 근무해야 하기 때문에 또 다른 어려움에 직면해 있다.

이제 심리치료 장면에서는 더 이상 불안과 중년의 위기 문제로 고통을 호소하는 중류층 이상의 백인 신경증환자는 만날 수 없다. 우리는 이전보다 더 자주 약물중독과 가정폭력에서부터 외상 후 스트레스 장애와 공황발작에 이르기까지 더 어렵고 심각한 증상을 호소하는 다양한 문화적 · 경제적 집단의 사람들을 만나게 된다. 게다가 환자들이 호소하는 증상들은 점점 더 심각하고 다루기가 힘들어지지만, 우리가 내담자를 도울 수 있는 시간은 오히려 더욱 줄어들고 있다. 치료자들이 어떤 임상장면에서 근무하든, 또 어떤 상황에서 일하든 간에 모든 치료자들은 이전보다 신속하고 더 강력하게 치료에 개입하도록 요청받고 있으며, 또 그들 자신의 내담자와 수련감독자에게뿐만 아니라 재정적 지원을 통제하는 행정가들에게조차 자신의 치료행위가 정당함을 더 자주 호소해야 하는 입장에 처해 있다.

치료자들은 임상실제에서의 여러 차이에도 불구하고—전문가로서의 훈련, 이론적 지향, 내담자의 유형 등—모든 치료자들이 경험하는 것들 중에는 공통적이고 보편적인 측면들이 있다. 당신이 어떤 장면에서 근무하고 또 치료자로서 어떤 경험 수준에 있든 관계없이 이 책은 당신에게 도움이 되도록 집필되었다.

- 이 책은 당신이 치료업무에서 느끼는 중요한 스트레스의 근원과 갈등이 무엇인지를 깨닫게 해 준다.
- 당신에게 임상가로서의 새로운 동기와 활력, 창조성을 부여해 준다.
- 임상실제에서 나타나는 강력한 개인적 반응들과 역전이 반응들을 해결해 준다.
- 당신을 침식시키고 전문가로서의 유능성을 방해하는, 당신이 안고 있는 개인적인 상처들을 치유해 준다.
- 치료자로서의 영향력을 증대시킨다.
- 당신의 삶에서 개인적 차원과 전문가로서의 차원들을 통합시킴으로써, 당신으로 하여금 직업과 인간 관계에서 더 많은 충족감과 만족감을 느끼도록 해 준다.

내담자들이 어떤 증상을 호소하든 상관없이 그들에게 제공하기를 원하는 목표가 있는 것처럼, 이 책에서 추구하는 목표들도 거창하다. 그러나 목표가 광범위함에도 불구하고 이러한 목표가 이루어지도록 하는 일은 확실히 가능하고, 또 당신 자신이 한 개인으로서뿐만 아니라 전문가로서 역할을 더 잘 하도록 돌보는 것도 가능할 것이다.

당신 자신을 보살피기

당신은 많은 스트레스와 압박감을 느끼고 있다. 당신이 도와주려고 하는 내담자뿐만 아니라 그들의 친구들과 친척들, 그리고 때로는 당신의 의도를 오해하는 많은 대중들로부터 스트레스와 압박감을 받는다.

심지어 당신의 업무를 지지해 줄 것으로 기대되는 당신이 속한 조직에서조차 필요 이상으로 어려운 일들을 야기한다. 이로 인해 소진, 지루함, 환멸을 경험하기도 한다. 거의 모든 정신건강전문가들은 황폐화될 정도는 아니더라도 자주 침체감을 느낀다.

우리는 치료업무에서 느끼는 기쁨들과 즐거움에 대해서 너무 자주 무시해 버리거나 잘못 평가한다. 치료자라는 직업은 큰 만족감을 주고, 충족감을 심어 주고, 마음을 설레게 하는 직업이다. 우리들은 치료과정에서 고난과 어려움에 직면하기도 하지만 그래도 치료자가 된다는 것은 영광이고 특혜다.

어쩌면 구태의연한 사실일지도 모르지만 치료자가 됨으로써 얻게 되는 이득 중의 하나는 우리가 아는 것을 우리 자신의 삶에 적용할 기회를 가질 수 있다는 점이다. 치료자가 됨으로써 우리는 자신을 극히 민감하게 만들고, 또 비판적으로, 분석적으로 생각하도록 준비시켜 주고, 복잡한 상황들을 분류시켜 문제를 해결하게 해 주고, 성장과 배움을 촉진시키고, 심지어 고통받는 사람을 치유하는 데 필요한 지식과 기술들, 그리고 지혜를 가까이 할 수 있다는 이점이 있다. 치료자가 되는 훈련은 우리들로 하여금 타인의 삶과 우리들의 삶의 차이를 깨닫도록 해 주는 의미 있는 작업인데도 우리는 종종 이 사실을 무시한다.

우리는 우리들의 삶의 질을 방해하는 현 증상들이 무엇이든 그 문제가 우리와는 관련이 없는 것으로 간주해 버리고, 또 우리 자신보다도 타인을 돌보는 것으로 유명하다. 그것은 우리는 문제가 없다는 식의 부인이든, 자비를 실천하기 위해 우리 자신의 문제는 무시하는 것이든 간에 우리들이 다른 사람들에게 적용하는 것과 똑같은 기준을 우리 자신에게는 적용하지 않는다는 의미이다. 때때로 우리는 우리 자신들은 안전하게 처신하면서 내담자들에게는 위험에 직면해 보도록 강요한다. 또 우리는 다른 사람들에게는 사랑하는 사람들과 좋은 시간을 많이 갖도록 권고하면서, 정작 우리들 자신은 밤늦게 집에 들어가는 가식적인 모습을 보이기도 한다. 우리는 이상적인 사랑, 돌봄, 정의, 존경을 옹호하면서 우리 자신의 삶에서는 그런 것을 행동으로 실천하지 않는다. 우리는 다른 사람들에게는 자신들을 잘 보살피라고 하면서 정작 자신은 그렇게 하지 않는다.

치료자의 여행

과거 20년 이상 나는 다음과 같은 주제, 즉 치료자로서의 경험이 어떻게 우리 자신의 영혼을 고갈시키나, 또는 우리들을 여러 가지 방법으로 더욱 강건하게 만드는 고난과 도전거리, 그리고 기쁨 제공과 같은 주제의 치료자에 관한 많은 책들을 집필하였다.

경험적인 워크북을 개발해야겠다는 생각은 내가 치료자의 내적 세계에 관한 연작인, The Imperfect Therapist(1989), The Compleat Therapist(1991), Compassionate Therapy(1992), On being a Therapist(1993), 그리고 Growing a Therapist(1996)와 같은 책을 저술했을 때인 10년 전쯤에 처음 하게 되었다.

이런 책들이 출판되었을 때 내가 들은 대부분의 논평은 주로 이런 부류의 책들은 다른 사람들을 돕는 일을 하는 치료자 자신들의 개인적 문제에 대해 생각해 보도록 한다는 것이다. 우리 모두는 매일 사무실에서 발생하는 일을 처리하고, 또 우리들이 당면한 문제를 이해하고, 또 우리가 배운 것을 우리들의 삶에 적용하느라 지쳐 있다. 그러면서도 치료자들은 그들의 내담자들에게 삶을 바라보도록 충고하는 것과 똑같은 방식으로 본인 자신의 문제에 대해서는 얼마나 진실하게 바라보는지 매우 궁금하게 생각된다.

나는 워크숍에 참석한 참가자들이 유인물에 대해 불안해하는 것을 목격하였다. 그들은 내용이 적혀 있는 유인물을 주기를 원했다. 또한 그들은 자신들이 알지 못하는 내용에 대해서 내가 직접 말해 주기를 바랐다. 물론 치료자들도 자신이 치료하는 내담자의 이와 비슷한 기대들에 직면하겠지만, 그럼에도 세미나에 와서는 나에게 직접 말해 주기를 요구하거나, 또는 최소한 그들이 만나게 될 치료하기 어려운 내담자를 치료하는 데 필요한 몇 가지 간단한 기법에 대해서 알려 주기를 바란다.

그러나 나는 치료자들이 그들 자신의 개인적 여행에 더 많은 초점을 두도록 하는 방법에 대한 해법을 가지고 있지 않다. 나는 청중과 독자들에게 '잡다한 것들'에 대해 강의하고 자료를 제공하는 것을 중지하고, 그 대신 참여자들을 집단 속으로 들어가게 하여 그 안에서 그들의 마음이 동요될 수 있도록 하고, 또 그것을 통해 그들이 안정화되도록 만들고 싶은 바람을 가지고 있다. 나는 좋은 인품을 갖춘 대학 동료들로부터 많은 야유를 받고 있다. 왜냐하면 내가 가르치는 방식은 늘 어떤 자극적인 논쟁거리를 제시하고, 또 내가 할 수 있는 가장 확실한 어떤 근거를 바탕으로 정직하게 나 자신을 드러내고, 또 소집단 모임에서는 참여자로 하여금 다른 사람들과 함께 그들 자신의 잡다한 이야기들을 공유하도록 초대하는 방식으로 수업이나 워크숍을 진행하기 때문이다. 다른 강사들은 강의실 앞쪽 높은 연단에서 이야기를 하는 반면에, 나는 주로 홀에서 왔다 갔다 하며 참가자들이 하고 있는 행동을 탐색하는 방식을 취한다.

워크숍 동안 내가 취하는 최선의 방법은 항상 내가 어떤 것에 대해 말할 필요는 없다고 생각한다는 점이다. 그것보다는 참여자들에게 그들 자신의 경험에 대해 이야기를 하도록 기회를 제공하고, 다른 사람들에게는 존경심을 갖게 하며, 이미 알고 있는 것을 자신의 삶에 적용해 보도록 하는 것이 가장 좋은 방법이라고 생각한다.

이렇게 하여 마지막에 내가 말을 해야 할 차례가 되면 나는 이미 우리들이 논의했던 주제들로 다시 되돌아간다. 그러나 이번에도 나보다는 그들이 생각해 내었던 것에 관해 말을 하는 시간을 가지는데, 이 시간은 참여자들로 하여금 그들의 생활과 그들의 생각들을 응용해 보도록 하는 시간이 된다. 그러므로 나의 워크숍에서는 유인물이 필요 없다. 실제적인 정보도 거의 없다. 이 워크북은 당신에게 변화를 이끌어 내는 여행을 해 보도록 하는 데 도움을 준다. 즉, 당신으로 하여금 이전과는 다른 사람이 되도록 만들어 주는 그런 종류의 여행을 해 보도록 한다.

여행기

이 여행은 우리들이 수련생으로 훈련받은 이후 처음으로 직접 실시해 보는 경험이다. 많은 사람들은 처음에는 치료에 대한 열망이 크기 때문에 세상을 좀 더 살기 좋은 곳으로 만들 것이라는 엄청난 이상주의와 이타주의에 입각하여 치료를 한다. 그러나 얼마 지나지 않아 우리는 남을 돕는다는 핑계로 우리를 몰아가는 매우 개인적인 동기—그 동기들은 세상을 구원하기보다는 우리 자신을 구원하는 것과 더 많이 관련된다—를 발견하게 되고, 인식하게 된다. 어떤 때는 실패와 부적절감, 평범, 암울함, 상실감 또는 고립감에 대한 두려움이 너무 심하여 이러한 감정을 억누르고 통제할 필요가 있을 정도에 이르기도 한다.

전문직을 수행하는 일이 처음에는 우리들이 원하는 많은 욕구들과 흥미를 제공해 주었지만 시간이 지날수록 열정은 식어 간다. 우리가 그 열정을 지속시킬 수 있는 방법은 철저하고 지속적인 수련과 훈련, 그리고 치료나 개인적 성장 경험을 통해서만 가능하다. 이것이 바로 이 책에서 제공하고자 하는 정신이다. 비록 이 워크북을 실시하는 것이 개인적인 삶의 성장 경험으로 대체될 수는 없겠지만, 실제적인 삶의 경험들을 보완할 수는 있을 것이다. 좀 더 개인적 맥락에서 이 여행을 해 보는 것이 더 많은 도움이 될 것이다.

이 책은 실제적인 활동이 요구되기 때문에 당신의 참여가 필요하다. 당신 자신이 한 사람의 내담자로서 당신 자신에게 말하는 것을 듣는다면 좀 더 오랫동안 성장과 변화들이 일어날 것이다.

- 당신이 어떤 말을 하는지 생각해 보라.
- 당신이 말한 내용을 당신 자신과 개인적으로 관련이 되도록 개인화해 보라.
- 생각과 개념들을 당신 자신의 특별한 인생 환경에 응용해 보라.
- 당신의 생각들을 개인적 욕구와 가치들과 일치하도록 조화시켜라.
- 새로운 사고에 대해 열린 마음을 갖도록 방어를 해제하라.
- 새로운 개념들을 기존의 도식에 통합시켜라.
- 자료들을 가지고 실험해 보라.
- 학습한 것을 여러 상황에 응용해 보라.
- 당신이 중요하게 생각하는 다른 사람들을 이 여행에 합류하도록 초대해 보라.

물론 이 과정은 대부분의 임상가들에게는 친숙한 과정이다. 지속적이고 바람직한 변화들이 성취되기 전에 어떤 어려움이 있는지를 확인하는 것이 필요하다. 이 책의 제1부는 당신의 개인적인 삶과 전문가로서의 삶에서 기쁨을 주는 것과 어려움을 야기하는 것이 구체적으로 무엇인지를 밝히는 데 도움이 되는 여러 평가과정의 단계들에 대해 설명한다. 제2부는 당신이 해결해야 할 중요한 목표영역을 밝히고, 그러한 문제들을 해결하도록 돕고, 또 치료업무를 더 재미있고 더 큰 만족감을 주는 방법에는 어떤 것이 있는지를 제시하게 될 것이다.

이 책을 활용하는 방법

당신과 마찬가지로 나도 오랫동안 사람들을 돕는 일을 하면서 당면하게 되는 여러 문제들 때문에 많은 좌절감을 느껴 왔다. 학생들과 내담자들은 강의나 치료회기를 통해 들었거나, 또 책을 읽음으로써 어떤 영감을 얻는다. 그들은 대부분 의무적으로 노트 필기를 한다. 개념들에 대해 공부하고, 그것이 실제 장면에 적용되는 것을 보고 자극받으며, 그들 자신의 삶에 변화를 꾀함으로써 문제를 해결하기도 한다.

이러한 관여는 그들이 친구나 가족들에게 그들 자신이 무엇을 하고 있는지에 관해 설명하는 한 지속될 것이다. 당신은 아주 흥미가 있었던 워크숍에서 당신 자신이 경험했던 것을 회상하며 어떤 일이 있었는지 설명함으로써, 또 참여자들 간의 틈을 발견함으로써, 또 청중의 얼굴표정에서 당혹의 빛을 목격했던 경험을 회상할 수 있을 것이다. 우리는 사람들이 많은 시간을 불편함을 야기하는 감정의 파도를 만들어 내기보다는 현재 그대로의 모습으로 머물기를 더 좋아한다는 사실을 배웠다.

나는 이 경험적 워크북에 관한 하나의 전략을 제안하고 싶다. 당신은 이 책의 여러 부분을 읽고 그것에 관해 생각한 후 자신의 생각들을 이 책에 쓰겠지만 결국은 이 책을 집에 가지고 가고 싶을 것이다. 당신이 좀 더 체계적으로 내담자를 치료하기 위해 노력하고, 또 계획한 변화를 이끌어 내기 위하여 내담자의 가족이나 친구를 관여시키려고 노력하는 것과 마찬가지로 당신 자신의 성장을 위해서도 똑같이 할 수 있어야 한다.

이 여행에서 우리는 낯설지만 매우 친숙한 곳처럼 느끼게 되는 장소에 초대되어 시간을 함께 하게 될 것이다. 일정이 변할 수 있는 여행에서처럼 당신은 때로는 방향을 잃기도 하고, 좌절과 혼란을 느끼기도 하고, 혹은 안달을 하게 될 것이다. 당신에게 고용된 가이드로서 나의 임무는 당신을 안전하고, 설레게 하고, 즐겁게 만들어 주고, 무엇보다 노력한 만큼 당신이 변화되는 그런 방법으로 이 과정을 이끌어 가도록 돕는 것이다.

물론 이것을 이루는 데는 시간이 걸린다. 그리고 당신 또한 충분한 시간을 가지고 있는 것도 아니다. 당신에게 필요한 것은 해야 할 숙제가 많은 학생(비록 성적이 매겨지지는 않지만)처럼 행동하는 것이다. 무엇보다 생산적이고 변화 있는 삶을 살기 위해서는 당신이 알고 있고, 또 말한 것처럼 거의 매일 열심히 숙제를 하고 참여하는 일이 필요하다. 그래서 질문이 있다: 당신은 얼마나 많이 당신 자신에 관하여, 또 당신 스스로 이 과정에 기꺼이 투자하려고 하는가? 당신은 얼마나 많은 시간을 당신이 하는 이 작업, 즉 당신이 하는 일과 그 일을 어떻게 하고 있는지를 관찰하는 데 보낼 것인가? 라는 질문이다.

몇 가지 구체적 전략들

당신이 가장 좋아하고, 또 최상의 학습 방식에 기초하여 자신의 삶에서 지금 즉시 가장 필요로 하는 일로 여기도록 이 책을 활용하는 몇 가지 방법에 대하여 제안하겠다.

- 매주(혹은 매달) 한 장(Chapter)씩 골라 활동을 실시하고, 당신이 생각한 내용을 천천히 음미하면서 연습해 보라. 이 일을 당신이 반드시 완성해야 할 숙제처럼 취급하지 말고, 이것을 통해 무엇인가를 배우게 될 것이라고 생각하면서 연습해 보라. 당신에게 요구되는 각각의 질문들은 당신이 치료자로서 누구인지, 무엇을 가장 하기를 바라는지, 또 당신의 직업과 삶을

지금보다 더 만족스럽게 만들기 위해 무엇을 할 수 있는지에 대해 자신의 이야기를 쓰도록 계획해 보라.

- 일반적으로 이 작업도 치료에서 일어나는 일처럼 종종 계획되지 않은, 뜻밖의 내용들이 가장 큰 효과를 나타내기도 한다. 가장 정교하게 계획되고 논리적으로 연결된 것임에도 불구하고, 또 가장 심사숙고하여 구성한 워크북이기는 하지만, 여행에서 의외의 꼬임과 예상하지 못한 결과들이 나타나듯이 이 워크북을 실시하는 동안에도 의외의 변화가 나타날 수도 있다. 이런 과정의 이점을 이용하여 당신이 작성해야 하는 각 세션에서 당신이 무엇을 느끼고, 어떤 생각을 하고, 경험하는지에 대해 열린 마음을 유지하도록 하라. 워크북을 수행하는 것이 당신의 내부를 흥분시킬 만큼 그런 연습은 아닐 것이다.
- 이 여행을 좀 더 구조화하기를 원하는 사람은 매일 당신의 치료 업무에서 당신이 바라는 방향에 대해 주의를 환기시켜 주는 역할을 하는 일지로 이 워크북을 보완하도록 해 보라.

  일주일에 하루 정도는 내담자를 치료했던 치료회기 후 당신 자신에 관해 깨달은 것과 치료과정에서 배운 것들에 대해 간단히 노트 필기를 해 보라. 적어도 당신이 특별히 좋아했던 그 치료회기에서 당신이 말한 것이나 행동했던 것에 대해 다시는 그와 똑같이 정확하게 해 보지는 못할 일인 것처럼 특별히 관심을 갖고 음미해 보라.

그 주의 마지막에는 각 장에서 해 볼 만한 가치가 충분히 있다고 생각되는 과제를 완성하고 인생에서 무엇이 중요한지, 그리고 변화를 촉진시키기 위해서는 무엇이 가장 중요한지를 내담자로부터 배웠던 것에 대하여 작성해 보라.

비록 나는 이 워크북에서 제시했던 많은 주제들에 대해 고민을 했었고, 또 지금도 그런 주제로 고민을 하고 있지만 똑같은 문제가 당신에게는 고민거리가 아닐 수도 있다. 어떤 장은 다른 장보다 더 당신의 호기심을 자극할 수도 있을 것이고, 그 부분에 대해 더 많은 시간을 투자할 수도 있을 것이다. 그러나 나는 적어도 각 장에 있는 자료들을 당신이 모두 검토해 보도록 추천하고 싶다. 당신 자신이 어떤 것을 실시해 본 후에야 비로소 잘 알게 되는 것처럼, 사람들도 그들 자신에게 있어서 가장 많이 다루어야 할 주제가 무엇인지 잘 모르고 있는 경우가 많다. 흔히 머릿속에서 떠나지 않는 주제들 때문에 자신들이 끊임없는 괴로움을 당하고 있다는 사실을 알아차릴 때까지는 말이다.

당신이 할 수 있는 보다 중요한 일

나도 수련감독자나 조력자 없이 혼자서 이 책을 사용하는 것이 과연 안전하고 가치 있는 일인지에 대해 다른 사람들이 생각하는 만큼 회의적인 생각을 하는 사람이다. 아마 대부분의 소비자들 이상으로 치료자들도 세밀하게 진행시킬 영역에 대해 연구해 놓은 지도도 없이, 또 심지어 경험이 풍부한 안내원을 고용하지 않고 길을 잃을지도 모르는 여행을 시작하려면 위험들과 한계들이 나타날 수 있다는 사실에 대해서 잘 알고 있다.

비록 어떤 임상가들은 치료과제를 완수하는 데 있어서 혼자 모험하는 것을 더 좋아할 수도 있지만 대부분의 사람들은 슈퍼비전 시간이나 스태프들의 회의 시간, 또는 동료들과 계획된 어떤 모임을 통해 그들의 치료업무에 관해 통합된 관점을 가지기를 바란다. 이런 활동은 미래를 위한 공적인 언약일 뿐만 아니라 마음을 동요시키는 것에 관해 이야기해 보는 기회를 제공하기 때문에 동료감독의 일부로서, 혹은 지지그룹의 한 형태로 이 과정을 수행하는 것이 바람직하다.

분명한 것은 이 책은 당신이 단지 읽어 볼 책이 아니라 실제로 실시해 봐야 하는 워크북이라는 것이다. 다른 사람을 치료하는 치료자로서, 조력가로서, 당신 자신의 여행에서 중요한, 그리고 지속적인 성장을 촉진시키기 위해서 당신은 이 책에서 제시한 내용들에 대해 동료들과, 그리고 사랑하는 사람들과 이야기해 볼 필요가 있다. 그리고 가장 중요한 것은 당신이 배운 것을 실행에 옮겨야 한다는 사실이다.

감사의 글

이 책은 편집을 맡은 Alan Rinzler와 함께 일한 5번째 책이다. 어느 누구도 그보다 더 열심히 나를 후원해 준 사람은 없었다. 다시 한 번 이 책을 시작하게 하고, 완성하게 해 준 그의 열정적이고 정직한, 그리고 명석한 지도에 감사드린다. 또한 원고의 내용을 검토한 뒤 이 책이 완성될 때까지 많은 제안과 결정적인 피드백을 해 준 Jeanne Heaton과 Marshall Jung, Gary Brooks, 그리고 Sally Francis에게도 감사한다. 마지막으로 이전에 내가 쓴 책을 읽고 자극을 받아 그들 자신을 변화시킬 수 있었던, 그리고 이 여행에 관해 나에게 말해 주고 이 책을 저술할 수 있게 시간을 허락해 준 많은 독자들에게 감사드린다.

Las Vegas, Nevada에서

JEFFREY A. KOTTLER

January 1999

1부

논쟁점

1장 치료자의 본질

치료자가 되면 좋든 싫든 어떤 결과를 가지게 된다. 대인관계를 현명하고 능숙하게 다루기 위하여 많은 시간과 정열을 쏟았기 때문에 이 분야에서 전문가로 활동하게 되는 이익들을 누릴 수 있다. 또 일반 사람들은 치료자라는 존재가 사람의 마음을 읽을 수 있고, 또 심리적 갈등을 신비롭게 해결하는 방법에 대해 잘 알고 있고, 또 그렇게 할 수 있다고 생각한다. 실제로 치료자는 다른 사람들에게는 불가사의하게 보이는 삶의 여러 측면들을 효과적으로 해결하는 방법들에 대해 알고 있다.

다른 한편, 치료자라는 직업은 숨을 곳을 제공하지 않는 직업이다. 치료회기에서 당신이 느끼는 최악의 두려움은 매일 치료회기들을 끝까지 완수하는 것이다. 치료자는 인간으로서의 가장 핵심적인 면—두려움과 어려운 점, 그리고 많은 사람들이 마음속에 묻어 두기를 바라는 악몽들을 포함하여—을 깊이 들여다보는 데 따른 스트레스와 긴장으로 고통받는다. 매일은 아니지만, 거의 매주 약물에 중독되어 있고 통제력이 상실된, 또 학대받은 경험 때문에 마음의 상처를 입어 고통받는, 그리고 아무런 희망도 없이 살아가는 사람들을 만난다. 또 처음 치료자가 되려고 결심하게 된 것을 포함하여, 왜 치료자가 되려고 했는지 그 동기를 검토하도록 강요받기도 한다.

왜 치료자가 되려고 하는가?

당신이 왜 치료자가 되려고 했는지 그 동기를 분석하는 것은 이 개인적 여행을 시작하는 데 있어서 꼭 필요한 요소이다. 당신은 이 주제에 대해서 한 번도 생각해 보지 않았고, 또 인류를 위해 봉사하는 것이 당신이 헌신할 가장 흥미로운 일이라는 매우 그럴듯한 이유를 들어 치료자가 되려고 한다는 그런 대답을 하도록 요청받은 적도 없을 것이다. 명성을 얻고 부자가 되는 것이 치료자가 되려는 이유는 아닐 것이다. 대부분의 치료자들은 우리 자신들을 위해서뿐만 아니라 타인을 위해서 어떤 좋은 일을 할 수 있다고 생각하기 때문에 치료자가 되려고 하는 것 같다.

당신이 바라는 것들

우리들 각자는 치료자가 되는 것에 관한 몇 가지 환상을 가지고 있다. 상처입은 사람들을 위해 친절한 말이나 기막힌 이야기로 그들을 치료하는 일에 헌신하는 나 자신의 모습을 그려 보았다. 나는 가족들과 친구들도 내가 하고 있는 이 일을 존중해 주기를 바랐으며, 심지어 더 중요한 것은 나 스스로도 언젠가는 나 자신을 존경하게 될 것이라 생각하였다. 나는 매우 지혜롭고 유머 감각이 있고 개방적이고 남을 돕기를 좋아하는 마음이 맞는 동료들과 함께 근무하는 나의 모습을 상상해 보았다. 나는 내가 하는 일에 대해 좋은 감정을 느낄 것이고, 또 그 일은 가치 있고 매우 중요한 일일 것이라고 상상했었다. 또 내가 하는 일이 모든 에너지를 쏟아 부을 정도로 진정으로 내가 바라는 천직이 될 것이라고 생각했었다.

당신은 이미 오래 전에 당신이 해야 할 일을 준비하게 될 훈련에 대해 분명한 꿈이든, 막연한 환상이든 가지고 있었을 것이다. 당신이 치료자가 된다면 이룰 수 있을 것이라고 막연히 기대했었던 것들에 대해 순서에 관계없이 6개를 적어 보시오.

1. ______________________
2. ______________________
3. ______________________
4. ______________________
5. ______________________
6. ______________________

당신이 기대한 것들과의 만남

조금 전에 당신이 작성한 목록들에 대하여 생각해 보시오. 치료자가 되면 이루어질 것으로 희망했었던 일들이 실제로 치료자로서 일하는 과정에서 이루어졌는지를 비교해 보시오. 지금 바로 몇 개의 항목들을 확인하면서 당신이 기대했던 것들이 어느 정도로 충족되었는지 아래에 적어 보시오.

____

____

____

____

____

____

아래의 빈칸에 당신이 희망했던 여러 항목들 중 특히 어떤 항목이 희망한 대로 이루어지지 않았는지 생각해 보시오. 당신의 꿈꾸었던 것들이 어떻게 적당히 타협이 되었는지, 또 어떻게 그 꿈을 포기하게 되었는지 말해 보시오.

개인적 동기들

이 분야에 종사하고 있는 사람들은 거의 모두 자신들이 다른 사람들을 돕는 일을 하고 있고, 또 이 세상을 좀 더 좋은 곳으로 만드는 데 기여하고 있다고 생각한다. 우리 모두는 치료자가 되기 위해 훈련을 받았기 때문에 무엇인가 좀 더 유용한 일을 할 수 있을 것이라고 생각한다. 그리고 심지어 우리들은 우리가 인생을 살아오면서 경험했던 고통이나 우리가 당면했던 어떤 어려운 일들을 통해 다른 사람들이 이득을 얻을 수 있도록 도움을 줄 수 있을 것이라고 생각한다.

당신이 치료자가 되려고 했던 개인적인 이유에 대하여 더 자세하게 알아보는 것은 도전적이고, 또 상당히 위협적인 일이 될 수 있다. 당신은 치료자가 되려는 개인적인 이유에 대하여 항상 의식하고 있는 것은 아니며, 또 그런 기대들에 대해 말로 표현하지 않았을 수도 있다. 심지어 나는 오늘날까지 대부분의 치료자들이 자신들이 이런 종류의 일을 하는 개인적 이유—물론 타인을 돕고 싶어 하는 단순한 소망을 넘어서는 이유들—에 대하여 공공연하게 이야기하는 것을 거의 들어 보지 못했다. 그럼에도 우리들 중 많은 사람들은 치료자가 되면 어느 정도의 존경심과 통제감, 그리고 힘을 가지고 어떤 사람을 통제하는 그런 일방적인 친밀감을 즐기게 될 것으로 여긴다.

나는 나 자신의 정서적 안정을 위해 치료자가 되려고 한다는 사실에 대해서는 마지못해 인정하는 정도이다. 많은 내담자를 치료하게 되면서부터 내가 한 이런 생각들이 틀린 생각이 아니라는 사실을 확신하게 되었다. 솔직히 말해서, 나는 애매하게 보이는 어떤 문제에 대해 마치 잘 알고 있고, 또 잘 이해하고 있는 것처럼 존경심을 가지고 나를 대하는 그런 내담자와 관계를 맺고 있는 나 자신의 모습을 즐기고 있음을 발견하게 되었다. 게다가 실제로 나는 다른 사람들이 이야기하는 것을 듣는 것을 즐긴다. 그것은 엿보기를 즐기는 사람들처럼 나의 강한 호기심을 충족시켜 준다. 그러나 단순히 TV를 보는 것과는 달리 치료과정에서 내담자와의 만남은 이야기에서 줄거리를 찾을 수 있다. 그리고 매번 나의 노력 덕분에 누군가는 긍정적인 영향을 받게 되고, 그러면 나는 마치 실제로 매우 중요한 일을 해서 누군가를 구출했다는 느낌을 갖게 된다.

다음의 내용은 몇몇 치료자들이 인식하고 있는 치료자가 되려는 개인적인 동기들의 목록이다. 아래의 항목들 중 당신에게 해당된다고 생각되는 항목들을 체크해 보시오.

____ 통제 욕구
____ 힘에 대한 욕구
____ 엿보기를 즐길 수 있음
____ 일방적인 친밀감을 즐길 수 있음
____ 다른 사람들이나 나 자신을 잘 이해할 수 있음
____ 변화의 도구가 됨

____ 나 자신을 치료하기 위함

____ 세상을 구하기 위함

____ 구원과 치유에 대한 욕구

____ 모든 것을 아는 똑똑한 사람이 되기 위함

____ 남을 대신해서 살아볼 수 있음

____ 명성과 존경을 받기 위함

____ 상당히 좋은 신분을 가지기 위함

____ 전문직이라는 지위를 갖기 위함

위의 내용들은 당신이 치료자가 되려고 결정하는 데 중요하게 영향을 미쳤던 요인들이고, 또 지금까지도 영향을 미치고 있는 요인들 중의 일부이다. 아래의 빈칸에다 가능한 정직하고, 숨김없이, 솔직하게, 당신이 치료자로서 일을 하려고 하는 개인적 동기에 대하여 적어 보시오.

치료자가 됨으로써 나타나는 결과들

내담자들은 비현실적인 기대를 가지고 우리를 찾아온다. 그들은 우리들이 요술지팡이를 가지고 있고, 그들의 배우자를 '치유' 해 줄 수 있으며, 자신들의 중독증상을 끊게 해 주고, 또 자신과 완전히 일치되는 의견을 가지고 있을 것이라고 생각한다. 우리는 치료자로서의 노력에 역효과로 작용하지는 않지만 이러한 때 묻지 않은 순수함과 무지함을 내담자에게서 발견한다. 그러나 우리가 가진 이러한 희망들은 더 이상 사실이 아닐 수도 있다.

치료자로서 훈련을 받는 동안 그것이 개인적 동기이든 전문직으로서의 동기이든 관계없이 많은 오해들이 있고, 또 그런 문제들이 치료자로서 일을 하는 동안 내내 지속되기도 한다. 다만 우리가 이 분야에 종사하며 상당한 시간을 보낸 후에야 비로소 치료자로서 훈련을 받는 동안에는 미처 준비하지 못했기 때문에 배워야 했던 많은 어려운 교훈들, 즉 치료실제와 관련된 많은 현실적 문제에 부딪히게 되는 나 자신을 발견하게 된다. 예를 들면, 임상실제는 4지 선다형의 답들 중 하나의 정답을 결정해야 하는 그런 것이 아닐 뿐만 아니라, 책들의 색인에서 찾을 수 있는 그런 답들도 아니다. 더구나 어떤 내담자들은 우리가 아무리 많은 노력을 하여도 호전이 되지 않는 내담자들도 있고, 또 아무런 만족스러운 해결책이 없는 그런 상황 때문에 문제가 발생할 수도 있다.

치료자로서 훈련을 받는 동안 우리는 치료 계획을 수립하고, 치료를 하는데 많은 시간이 소요될 것이라고 생각하였다. 증상이 매우 심한 내담자를 6회기 만에 치료하는 그런 운 좋은 일이 있을 것이라고는 거의 생각하지 못했다. 또 우리가 미처 준비하지 못했던 사무적인 일과 조직에서의 경영적인 문제가 있을 것이라고도 거의 예상하지 못했다.

다음 연습에서 우리가 기대했었던 것과는 정반대되는, 즉 대학을 졸업한 후에야 알게 되었던 내용들에 대한 개인적인 예를 적어 보시오. 이 내용들 중에는 어떤 부분은 당신의 상황에 맞을 수도 있지만, 어떤 내용들은 그렇지 않을 수도 있을 것이다. 당신이 경험한 것 중 가장 자세히 설명할 수 있는 것에 대하여 서술해 보시오.

• 인생은 4지 선다형 시험이 아니었다

• 책에서는 찾을 수 없었던 대답들

• 당신이 한 일들 중 어리석은 행동들

• 당신의 가족이 여전히 당신의 말을 귀담아듣지 않는 것

• 당신이 충분히 만족을 느끼지 못하는 것

• 치료라는 직업의 부정적인 부작용

• 당신이 하는 일에 대해 다른 사람이 존경하지 않는 부분

• 당신이 아무리 노력해도 호전되지 않는 내담자들

성장과 전환의 단계들

우리가 가지고 있는 비현실적인 기대들과 잘못된 바람들, 그리고 학교에서는 결코 배우지 못했던 일들이 이 여행을 하는 동안 미처 우리들이 준비를 하지 못한 상태에서 직면하게 될 불가피한 문제들이다. 그럼에도 우리는 우리보

다 경험이 많은 동료들과 이런 문제에 대하여 대화를 나누면서 당신이 투쟁하고 있는 이 문제가 혼자만 고민하는 문제가 아님을 알게 된다. 모든 치료자들은 나름대로 치료라는 여행을 하는 동안 일련의 단계들을 거치게 된다.

수련기간 동안 주로 겪게 되는 많은 문제들은 중간 정도의 경력을 가진 사람들에게서 나타나는 문제들, 혹은 그 이후 베테랑이나 숙련된 임상가가 되고 난 이후에 겪게 되는 문제들과는 다르다. 당신은 현재 임상가로서 어떤 위치에 있는지를 검토해 보라.

- 당신은 여전히 이제 막 전문직을 시작한 비교적 초기 단계인 훈련기에 있습니까?
- 당신은 이 분야의 영웅들에 홀딱 반한 훈련기의 마지막 단계에 있습니까?
- 당신은 전문적 임상가로서의 초기 경력 단계에 있습니까?
- 당신은 당신의 직업에 있어서 상당한 능력을 갖추고 있다고 느낍니까?
- 당신은 황금기를 즐기고 있습니까?
- 당신은 당신의 직업을 계속할 것인지에 대해 회의를 느끼고 있습니까?
- 당신은 당신이 하는 일에 대해 환멸과 낙심이 증가되고 있다고 봅니까?
- 당신은 다시 활기를 찾았습니까?
- 당신은 당신보다 경험이 적은 다른 임상가들에게 타인을 위한 조력자와 모델로서의 역할을 하는 것에 즐거움을 느낍니까?

물론 우리들 대부분은 이들 여러 단계들 중 몇 가지 단계에 중복해 걸쳐 있을 수도 있다. 당신이 처한 그 단계에서 이들 주제들이 어떻게 나타났는지를 이야기 형태로 써 내려가 보시오.

훈련단계: 내가 갖고 있는 것 이상의 책임을 떠맡아야 한다는 압박감

예 나는 첫 수업에 앉아 있던 나의 모습을 떠올려 본다. 주위를 둘러보면서, 그리고 모든 사람들이 나보다 더 현명해 보인다고 마음속으로 생각하면서, 때로 나는 그들이 묻는 질문들을 이해하지도 못했고 또 내 대답은 시원찮았다.

영웅숭배 단계: 나도 그 사람만큼 잘 할 수 있다면

예 나의 지도교수와 수련감독자는 심리치료에 관한 모든 것을 알고 있는 것 같았다. 나는 약간 괴벽스럽고 버릇없는 한 사람이 기억난다. 그러나 나는 바로 그 사람과 같이 되고 싶었다. 그는 자신이 직면한 문제나 상황이 무엇이든지 간에 즉각적으로 자신이 무엇을 해야 하는지 알고 있었고, 적어도 그렇게 행동하고 있었다.

매혹 단계: 내가 이렇게까지 성공하다니 믿을 수 없어.

예 나는 나의 도움에 대하여 너무 재미있어 하고 또 긍정적으로 생각하는 한 내담자와 함께 앉아 있으며, 그녀를 위해 기꺼이 이야기를 하는 특권을 주고 싶다고 느꼈다. 나로부터 그녀가 배운 만큼 나 또한 그녀로부터 많은 것을 배웠다.

능력: 내가 무엇을 하고 있는지 이제 알 것 같다.

예 수련감독자가 나에게 무슨 말을 할 것인지 이제 예상할 수 있고, 또 미리 알아차리게 될 정도가 되었다. 실제로, 나는 최근에 나 자신의 판단대로 치료하는 나름대로의 치료방식을 더 많이 사용하게 되었다. 심지어 수련감독자들이 관찰하지 못한 부분까지 혼자 힘으로 알아낼 수 있게 되었다.

황금기: 나는 정말 이 분야의 전문가야!

예 이제 새로운 내담자가 왔을 때 도움이 될 만한 어떤 일을 할 수 없다고 느끼는 일은 거의 없다. 적어도 이제 나는 어떤 내담자를 만나더라도 내가 어디서부터 시작해야 하는지를 안다.

중간 경력자로서의 회의: 내가 진정 무엇인가를 할 수 없다면?

예 나는 최근에 내가 하는 일이 실제로 아무런 의미가 없는 것은 아닌지에 대하여 많은 생각을 하게 되었다. 또 최근 몇 년 동안 내가 한 일이 어떤 일이었는지 많은 생각을 하게 되었다. 내가 얼마나 열심히 일했는지, 또 내가 배운 것이 얼마이든지 관계없이 내가 치료한 많은 사람들이 그들의 삶에서 크게 나아지지 않는 것 같다.

녹슬기 전 상태: 예전 같지 않는 날, 예전 같지 않는 수입

예 치료자로서의 일이 나에게는 이제 하나의 직업이 되어 버렸다. 내담자와 함께 앉아 있는 대부분의 시간 동안 주의집중하려고 노력하고, 내가 할 수 있는 일들의 한계를 받아들이며, 나머지는 그들의 문제로 남겨 둔다. 나는 몇 년 있다가 다른 직업으로 바꿀 수 있기 때문에 더 이상 이런 쓸데없는 일을 할 필요가 있을까 하고 생각한다. 나는 이제 더 이상 예전 같지 않다.

새로운 활력: 내 안의 무엇이 자기 길을 가게 하는가?

예 나는 최근에 다시 태어난 느낌이다. 내가 일하는 방식은 완전히 바뀌었다. 몇 년 동안은 늘 보아오던 환자들과 비슷한 일을 해야 한다는 것이 진부한 일로 느껴졌었다. 그러나 이제 나는 스스로 마음을 고쳐먹고 새로운 전문 영역을 개발하게 되었으며, 나의 내면을 바라보기를 꺼리게 만들었던, 내 자신을 가로막고 있던 장애물들에 대해서도 더 자주 직시하고 있다.

조언자: 당신도 나처럼 되기를 원합니까?

예 나는 이제 나에게 도움을 요청하는 사람들이 찾아오는, 즉 치료자들이 나에게 지도를 받기 위해 찾아오는 그런 위치에 서게 되었다.

연습(복습)

이 장은 치료자가 되려고 할 때 당신이 처음 가졌던 희망과 기대들을 실제 전문직을 수행하면서 부딪히는 임상 현실과 비교, 검토해 보도록 하는 데 목적이 있다. 지금까지 한 사람의 임상가로서의 첫 경험에서부터 미래를 향해 나아가는 과정에서 나타나게 되는 성장과 발전의 여러 단계들에 대하여 살펴보았다. 앞에서 실시했던 자신을 되돌아보는 연습을 하는 과정에서 당신을 뒤흔들었던 여러 일들을 검토하면서, 이후에도 계속 좀 더 알고 싶은 하나의 주제가 있다면 그 주제가 무엇인지 적어 보시오.

2장 기쁨과 고난을 평가하기

치료자가 내담자를 치료하기 위하여 치료계획을 수립하기 전에 가장 먼저 해야 할 일 중의 하나는 내담자가 호소하는 주 문제와 그의 장점에 대하여 세밀하게 평가를 하는 것이다. 우리는 내담자가 가지고 있는 문제들에 관심이 있기도 하지만 이전 치료를 통해 해결했던 점에 대해서도 주의를 기울인다. 우리는 고통의 소재와 근원에 대해서 알기를 원하기도 하지만, 더 나아가 기쁨과 만족에 대해서도 철저히 조사하기를 원한다. 당신이 내담자에게 실시했던 자기평가과정을 지금 바로 당신 자신에게 적용시켜 당신에게 가장 어려운 점이 무엇인지를 알아내어 내담자에게 했던 방식과 똑같은 자기평가과정을 완성해 보시오.

가장 경험이 많은 임상가들조차 치료자가 됨으로써 여러 도전들에 직면하게 된다. 우리가 종종 겪게 되는 고립감과 고통을 안겨 주는 약물남용의 문제, 그리고 내담자들이 교묘하게 속임수를 쓰는 행동들이 치료자로서 겪는 어려운 문제에 해당한다. 또한 우리가 치료를 해 나가는 과정에서 나타나는 모든 역전이 문제도 당연히 어려운 문제에 포함된다. 우리는 비교적 보수도 적고 인정도 못 받는 데 따른 불만도 있지만, 어떨 때는 치료를 해 나가는 과정에서 나는 정말 정신적으로 멀쩡한가라는 심각한 의문에 빠져 드는 날도 있다.

그러나 또한 그 어떤 다른 분야와도 필적할 수 없는 우리들의 일, 즉 치료 작업과 관련하여 기쁨을 얻을 때도 있다. 어떤 날은 당신이 아무리 낙심하고 좌절을 느낄지라도 치료 작업이 가져다주는 그런 신선함과 만족감을 주는 다른 일이 있을 것이라고 상상하기 어려울 때도 있다.

이 장은 당신의 업무에 있어서 무엇이 가장 당신 자신을 견딜 수 없게 하고, 또 무엇이 가장 당신에게 만족감을 주는지에 대하여 정확하게 검토하도록 하기 위하여 계획된 것이다. 이 프로파일은 앞으로 이 뒤의 장들에서 어떤 영역을 더 탐색해야 하는지를 밝히는 데도 도움을 줄 것이다. 그리고 마침내 당신이 일하는 방식에 긍정적인 변화를 이끌어 내도록 하는 데 도움을 주게 될 것이다. 그럼, 우선 치료에서 얻을 수 있는 긍정적인 측면부터 알아보자.

기쁨과 만족감

우리가 내담자의 문제가 무엇인지 물어보기 전에, 과연 무엇이 옳은 일인지를 생각해 보자. 이것은 우리로 하여금 내담자가 느끼는 불편한 점에 대해 파헤치기 전, 먼저 우리를 따뜻하게 해 주는 내담자의 긍정적인 특징부터 시작하여 그가 가진 강점들과 자원들을 탐색하는 준비시간을 갖게 한다.

당신 자신에 관한 평가과정에서는 치료자로서, 그리고 한 인간으로서 기능하는 데 있어서 긍정적 측면에 대하여 검토하도록 요청받을 것이다. 그럼 치료라는 작업을 해 나가는 데 있어서 당신에게 만족감을 주는 중요한 근원이 무엇인지를 점검해 보기로 하자.

당신의 만족감을 평가하기

치료자가 됨으로써 만족감을 느끼게 되는 많은 개인적 이점들에 대하여 알아보자. 치료를 해 나가는 데 있어서 다음의 항목들이 당신에게 얼마나 만족감을 주는지 1~5점 척도로 평가해 보라.

매우 중요함	중요함	보통 정도로 중요함	중요하지 않음	전혀 중요하지 않음
5	4	3	2	1

항 목	내 용	평 가
엿보기	다른 사람들의 개인적 사생활을 알 수 있음	5 4 3 2 1
이타주의	누군가의 삶에 긍정적인 영향을 주고 있다고 느낌	5 4 3 2 1
통제감	내담자의 문제를 알아내고 치료하는 과정에서 내가 힘이 있고 능력이 있다는 느낌을 가지게 됨	5 4 3 2 1
친밀감	내가 만나는 내담자와 친밀한 결속력을 즐김	5 4 3 2 1
배움	세상과 인간행동에 대해 많은 것을 알게 됨	5 4 3 2 1
성장	나 자신의 미해결된 문제에 대하여 도전하고 직면하게 됨	5 4 3 2 1
창조성	복잡한 문제를 해결하는 데 효과적인 새로운 방식을 발견해 냄	5 4 3 2 1
극적 요소	강력한 치료적 만남에 따른 흥분을 즐김	5 4 3 2 1
설 화	치료회기 때마다 듣게 되는 사람들의 이야기에 마음이 사로잡힘	5 4 3 2 1
정 서	감정을 표현하는 일에 마음이 사로잡힘	5 4 3 2 1
양 육	누군가의 성장과 발달을 위한 여행에 동행함	5 4 3 2 1
발견(파악)	내담자가 가진 이면의 문제를 발견하고 이에 대한 문제의 근원을 파헤침	5 4 3 2 1
도전하기	저항하는 내담자를 지혜롭게 조화시킴	5 4 3 2 1
반영하기	관조적이고, 분석적이고, 그리고/ 또는 직관적인 생활방식을 가짐	5 4 3 2 1

기쁨을 주는 것과 만족감을 주는 것

방금 언급했던 항목들을 검토하면서 치료자로서 당신에게 가장 즐거움을 주었던 항목들에 대해 목록을 작성해 보라. 앞에서 언급하지 않은 내용이 있다면 추가하라.

체크하고 다시 보고하기

지갑이나 주머니에 이 목록을 가지고 다니며, 이번 주 동안 치료자가 됨으로써 기쁨이나 만족감을 주는 것에 대해 당신의 마음속에 떠오르는 다른 항목이 있다면 추가하라. 동료들과 함께 있을 때 가끔 당신이 적은 목록에 대하여 그들과 함께 검토해 보라. 치료자가 됨으로써 즐거움과 기쁨을 가져다주는 그 밖의 다른 것들에 대하여 마음속에 떠오르는 것이 있는지 그들에게 물어보라. 그들이 말한 것 중 당신이 작성하지 않았던 내용이 있다면 그것을 아래에 기록해 보라.

치료자가 됨으로써 경험하게 되는 부정적인 것

만일 당신이 치료자가 됨으로써 얻는 즐거움과 이득이 매우 적다면 당신은 비싼 투자를 한 셈이 된다. 당신은 건강하지 못한 생활방식을 함으로써 스트레스와 우울, 식상함과 같은 부정적인 부작용을 경험할 수도 있고, 또 전문가로서의 입장과 개업의로서 경제적인 면을 조정하는 데 따른 압박감을 경험할 수도 있다.

위협들에 대한 평가

치료자들은 자신의 업무를 해 나가는 동안 여러 가지 부작용과 위험들에 직면하게 된다. 치료자들이 가장 흔히 보고하는 위험인자 가운데 몇 개의 항목들이 아래에 제시되어 있다. 다음의 항목들이 당신에게 얼마나 문제가 되는지를 가능한 한 솔직하게 1~3점 척도로 평가해 보라. 만일 당신이 이 주제들 중 어떤 부분에 대하여 부정을 하거나, 당신에게는 해당되지 않는 문제로 부인하고 싶은 생각이 든다면 당신이 잘 아는, 또 믿을 만한 다른 사람과 함께 그것에 대하여 검토해 보라.

문제가 아님	문제일 수 있음	분명한 문제임
1	2	3

치료자로서 위험스러운 태도들

____ 거만: 나는 다른 사람들로부터 아는 체하는 사람으로 평가된다.

____ 전지전능: 나는 힘과 지배력을 가진 사람인 양 의기양양해한다.

____ 냉소(비꼼): 나는 내가 본 모든 것에 대하여 회의적으로 행동한다.

____ 자기도취: 내가 중요한 사람임을 너무 강조하거나 부풀린다.

____ 위선: 나는 다른 사람들에게는 어떻게 해 주기를 기대하면서 정작 나 자신의 생활에서는 그렇게 하지 못한다.

논평: ____

____

____

____

____

____

몇 가지 자기파괴적인 업무 습관

____ 일중독: 나는 너무 많은 시간 동안 일을 하고, 나의 업무에 너무 지나치게 얽매여 있다.

____ 무관심: 나는 종종 제출해야 할 서류들을 시간에 맞추어 완성하지 못한다.

____ 지루함: 나는 치료시간이 너무 지루하고 식상하게 느껴지고, 치료하는 시늉만 한다.

____ 고립감: 많은 시간을 주로 혼자서 보낸다.

____ 단일 차원: 나는 많은 시간을 오직 다른 치료자들과 어울리거나 치료와 관련된 일들에 관해서만 이야기한다.

논평: ____

____

____

____

____

____

몇 가지 다른 부정적인 내용들

____ 쓸데없는 걱정: 일을 해 나가는 과정에서 너무 쉽게 낙담하고 좌절감을 느낀다.

____ 피로감: 나는 에너지를 소진시키는 생활방식을 취한다.

____ 주지화: 나는 지나칠 정도로 정서적 표현을 엄격히 통제한다.

____ 불신: 다른 사람들과의 개인적 관계에서 친밀한 유대관계를 맺기가 어렵다.

____ 관계들: 나는 업무를 하면서 동료들과 많은 갈등에 직면한다.

논평: ____

____

____

____

____

____

진단을 공식화하기

당신은 접수면접을 통해 증상 이면의 문제에 대해서뿐만 아니라 당신이 어려움을 느끼는 여러 영역들에 대하여 세밀하게 자기평가를 완성하고, 그런 다음 자기평가를 바탕으로 진단을 구조화한다. 나는 당신 자신에 대해 DSM-IV에 있는 진단명을 붙여 보라는 것이 아니라, 만일 당신이 당신의 사무실로 찾아온 내담자였다면 과연 당신은 자신을 어떻게 평가할 것인지를 요약된 사례 보고서의 형태로 작성해 보라는 것이다.

예를 들면, 나는 나 자신에 대해 다음과 같이 설명할 수 있다.

이 사람은 충족될 수 없는 인정에 대한 높은 기대욕구를 가지고 있다. 성공에 대한 야망과 집착력은 통제하기 어려운 듯 보이며, 현재의 즐거움보다는 미래를 계획하려는 야망과 열망을 가지고 있는 것으로 생각된다. 그는 지루함과 싸우고 있는 듯하며, 주기적으로 신선함과 자극받고자 하는 욕구를 충족시키기 위한 방편으로 어떤 새로운 일을 하여 자신의 생활을 뒤흔드는 행동을 하기도 한다. 그는 살아가면서 친구들과 더 친밀한 관계를 갖기를 원한다고 말하면서도 만족할 정도로 타인과 원만한 관계를 맺지는 못하고 있다. 그의 삶에서 나타나는 두 가지 중요한 주제는 힘과 통제력이며, 이것이 그의 능력과 대인관계에서 타협하려는 의지를 방해하는 요소로 작용한다.

위의 예처럼 당신 자신에 관한 진단적 인상과 사례보고서를 작성해 보시오.

____

____

____

____

____

____

관계를 관찰하기

치료자로서 당신이 경험할 수 있는 부작용 가운데 가장 문제시되는 영역이 사랑하는 사람과의 관계에 대한 문제들이다. 치료자는 내담자와의 관계에서 갈등도 있겠지만 대부분의 경우 매우 밀도 높은 친밀한 관계를 유지하고 있다. 이것은 좋든 싫든 가족과 친구, 동료들과의 관계를 건설적이지 못한 방향으로 이끌 가능성이 있다. 역으로 말하면 이 지구상에서 타인과 밀접한 관계를 즐기는 데 있어서 치료자보다 더 좋은 상황에 처해진 사람은 없다.

현재 중요한 사람들과의 인간관계에서 겪는 기쁨과 어려움에 관한 내용이 포함된 다음의 질문지를 작성해 보라. 다음 각 질문들에 대해 즉각적으로 누가 마음속에 떠오르는지 대답해 보라.

• 지금 현재 당신의 개인 생활에서 누구와 가장 큰 갈등관계에 있는가?

• 직장에서 가장 신뢰할 수 없고 갈등관계에 있는 사람이라고 판단되는 사람은 누구인가?

• 어떤 내담자와의 관계가 가장 좌절감을 주고 또 무익하다고 느끼는가?

관계가 미치는 영향

지금까지 당신의 생활 중에서 가장 고통을 주고 방해가 되었던 인간관계들 중 하나를 선택하라. 이 사람과의 관계에서 당신을 가장 자극했던 부분이 무엇이었는지를 생각해 보시오.

이 갈등관계에 대하여 생각하느라(또는 강박적으로 매달리느라) 투자한 시간과 에너지를 계산해 보라. 당신의 인생에서 이것이 빼앗아 간 대가를 적어 보시오.

지금 이와 비슷한 문제로 고통받는 내담자가 있다면 당신은 이 내담자에게 무슨 말을 해 줄 것인가?

지금까지와는 다르게 해 보기

나는 당신에 대해 잘 모른다. 그러나 마지막 질문, 즉 "지금 이와 비슷한 문제로 고통받는 내담자가 있다면 당신은 이 내담자에게 무슨 말을 해 줄 것인가?"라고 질문을 받거나, 또는 나 스스로 그 질문에 대답을 해야 한다면 화가 날 것 같다. 왜냐하면 이 질문은 다소 위선자처럼 느끼게는 하겠지만, 나로 하여금 어떤 일이 일어나고 있는지를 잘 이해하고 있는 사람처럼 행동하도록 만들기 때문이다. 비록 다음 장에서 이와 관련된 문제를 다룰 것이고, 또 역기능적 반응패턴을 변화시키기 위한 계획이 있을지라도, 지금 생존에 적합한 방법에 대해 생각하지 못하는 내담자에게 지금까지 한 것과는 다르게 해보도록 하기 위하여 무슨 말을 할 것인지를 생각해 보시오.

____

____

____

____

____

____

치료자의 결함

숨을 깊이 들이켰다가 내쉬어 보라. 우리는 이제 솔직하게 나 자신을 보는 데 가장 어려운 부분이라고 생각되는 영역으로 들어가려고 한다. 아마도 당신이 내담자와 신뢰할 수 있는 관계가 형성되어 있지 않다면, 다음에 제시할 이런 주제에 관해 내담자에게 물어보지는 않을 것이다. 마찬가지로 우리들도 서로 신뢰할 수 있는 관계가 형성되었을 때 다음의 문제들을 진행시키게 될 것이다.

결함이라는 단어는 한 개인의 기능—특히 그 사람이 치료자일 때—을 설명할 때 사용하는 단어로는 매우 강한 표현이다. 우리들 대부분은 훈련을 통해 많은 것을 습득하였고, 또 자신에 관한 방어를 확고히 잘하는 편이다. 치료자라는 집단은 대체로 융통성 있는 집단이다. 또한 우리는 치료자로서 남들에게 자신을 가장 긍정적으로 표현하는 데 매우 익숙한 사람들이다. 이런 자세는 타인에게는 확신을 심어주고, 또 우리 자신을 신뢰하게 만드는 데 필수적인 태도이다.

그럼에도 우리는 우리에게 결함이 있는가가 아니라, 이 순간 우리가 가진 결함이 어느 정도인지에 대해 질문할 필요가 있다. 우리들 각자는 매일의 일상생활에서 우리 자신의 개인적 기능과 전문인으로서의 기능을 방해할 수 있거나, 또는 방해하지 않을 수도 있는 해결되지 못한 문제들을 가지고 있다. 나는 지금 우리들이 가지고 있는 중독이나, 우울증, 성격장애와 같은 전반적인 역기능에 대해 이야기하고 있는 것이 아니다. 여기서 내가 말하는 결함이란 한 인간으로서, 또는 전문가로서 당신이 최상의 효율성을 갖도록 하기 위해 보완해야 할 당신의 자질, 행동 혹은 태도를 말한다.

우리들 각자는 과거에 영향을 받는다. 또한 우리 모두 해결하지 못한 과거의 문제를 가지고 있다. 우리들 대부분은 적어도 어떤 시점에서 경험한 상처받은 감정들을 가지고 살아가고 있으며, 때로는 모든 것을 다 좋은 체하며 살아가려고 노력하기도 한다. 그러나 단 몇 분만이라도 그 베일을 벗어 버리는 것은 어떨까? 그렇게 우리 두 사람이 진솔하게 이야기를 나누는 것이다.

다음의 질문들에 대해 당신의 마음속에 떠오르는 대로 적어 보시오. 이 질문들에 대해 너무 많은 생각을 하거나 분석하려고 하지 마시오. 그냥 제일 먼저 마음속에 떠오르는 것을 적어 보시오. 다음에 예로 제시한 각 질문들은 당신의 반응들을 제한시키기보다는 가능한 한 확대시키기 위한 전략이다.

• 당신의 머리에서 늘 떠나지 않는 것이 있다면 그것이 무엇인가?

예 나는 내가 아무리 노력하고, 또 많이 배우고 성장하여도 여전히 나의 근본적인 평범성을 극복할 만큼 유능한 사람이 되지 못하고 있다는 생각 때문에 괴로워한다.

• 당신은 어떤 측면에서 충분히 기능하지 못하고 있는가?

예 나는 내가 통제할 수 없는 일들에 관해 너무 많은 걱정을 한다. 나의 두뇌는 내가 해야 할 필요가 있는 일, 하기를 원하는 일, 그리고 해야만 하는 많은 일들에 대해 생각하느라 충분한 휴식을 취하지 못하고 있다.

• 당신의 생활방식 중 건강하지 못한 부분은 어떤 것인가?

예 나는 매일 너무 많은 일을 하려고 노력하기 때문에 충분한 여유를 가지지 못하고 있다. 또 일을 신중하게 하지 못하고 있으며, 내가 하는 일을 충분히 즐기지도 못한다.

• 어떤 방법으로 자신을 치유하는가?

예 손쉬운 방법으로는 아이스크림을 먹거나 요구르트를 먹는 것과 같은 방법이 있다. 또 술이나 약물을 사용하는 대신에 나를 편안하게 해 주는 음식을 먹거나 일로 인해 생기는 스트레스를 열광적인 운동을 함으로써 해소하기도 한다.

• 자신에게 어떤 거짓말을 하는가?

예 나는 치료회기 중에 마치 내담자를 돕기 위해 노력하고 있는 것처럼 말하는 경우가 있다. 그러나 그 말들은 실제로는 나 자신의 욕구나 호기심을 충족시키기 위한 것일 수 있다. 나는 명성과 영화를 누리기 위해 이 분야에서 일하면서도 공식적으로는 내가 이 분야에서 일하는 목적이 다른 사람들을 돕기 위한 것이라고 말한다.

• 당신은 무엇을 피하고 있는가?

예 평온이다. 내가 만일 움직이는 것을 중지하고, 열심히 일하는 것을 그만두고, 성취하려는 것도 포기하고, 내 삶에서의 모든 방해물을 제거한다면, 나는 모든 허식을 벗어던진 바로 그런 사람으로서의 나 자신을 만나게 될 것이다.

• 당신의 자기도취적 태도는 어떻게 나타나고 있는가?

예 나는 타인으로부터 집중적인 관심을 받는 사람이 되고 싶은 바람을 가지고 있다. 타인을 성장시켜 주는 사람이 됨으로써 타인으로부터 존경과 신뢰를 받고 싶다.

• 누가 당신에게 가장 영향을 주었고, 왜 영향을 미쳤는가?

예 나를 인정하지 않거나, 나를 비판한다고 느껴지는 사람이다. 사람들 중에는 약한 사람을 괴롭히는 사람들이 있다. 내가 그런 사람을 싫어하는 이유는 그런 행동이 어쩐지 자신의 감정을 통제하지 못하는 것 같다고 생각하기 때문이다.

• 지금까지 제시했던 질문들 가운데 당신에게 가장 위협적이라고 느껴지는 질문은 무엇인가?

예 내가 가진 허식과 나 자신에 대하여 잘 모르고 있다는 사실에 직면해야 하는 것이다.

되돌아보기

이 장에서 다루었던 일반적인 평가과정에 관한 내용은 다음 장에서 다루게 되는 당신의 생활에 있어서 특수한 스트레스원이 무엇인지에 대하여 고찰할 때 좀 더 세부적으로 설명이 될 것이다. 다음 장으로 넘어가기 전에 당신이 방금 완성했던 질문지의 내용, 즉 치료자로서의 기쁨과 어려움에 대하여 다시 한 번 검토해 보자. 당신은 이들 주제 중 어떤 주제에 대하여 계속 다루어 보기를 원하는가?

3장 스트레스의 근원에 대하여 알아보기

내담자를 치료하는 과정은 내담자가 가진 현재의 문제들을 기술하고, 그러한 문제를 발생시키는 이면의 요인들을 밝히는 것이다. 그리고 다음 단계는 내담자에게 고통을 주고 있는 현 증상에 가장 큰 영향을 미치는 요인들이 무엇인지를 탐색하는 것이다. 이 원리는 치료자로서 겪는 삶의 문제에 적용할 때에도 마찬가지다. 우리가 삶에서 느끼는 스트레스는 다음과 같은 몇 가지 요소들에 의해 발생한다.

치료자의 삶에서의 스트레스 근원

치료 장면에서 우리는 내담자가 느끼는 불안이 상태나 상황에 의한 불안인지, 아니면 특질이나 성격적인 불안인지를 알아낸다. 치료자의 삶에서의 스트레스를 고찰하는 데도 이와 똑같은 원리가 적용된다. 치료자들 중 일부는 타인의 불행에 너무 밀접하게 접근함으로써 유발되는 만성적인 고통을 경험하고 있고, 또 다른 많은 사람들은 직업에서 오는 불가피한 도전으로부터 어느 정도 스트레스를 받기도 한다. 우리는 근무환경이 가져다주는 압박감—예컨대, 직장 내의 역학관계, 서류 처리, 또는 우리가 제공할 수 있는 이상의 것을 요구—을 견디며 생활하고 있다. 또한 내담자가 우리에게 강요하는 비현실적인 요구들—마술지팡이로 병을 고쳐 주듯 내담자를 치료해야 하고, 그들이 말하는 언어적 욕설로부터 고통을 받아야 하며, 또 그들이 화를 참지 못해 행동으로 표현하는 것 등—도 스트레스로 작용한다. 또 다른 스트레스의 근원으로는 우리의 생활에서 야기되는 사건들, 즉 내담자와 마찬가지로 정상적인 발달과 정상의 변화로 인한 것들, 상실감과 죽음, 재정적 문제, 또는 신체질병과 같은 일상생활에서의 위기에 의해 유발되는 스트레스들도 있다. 마지막으로 우리 자신이 가진 완벽주의적 성향이나 회의감과 같은 문제로 인해 불안을 느낄 수도 있다. 물론 이런 모든 유형의 스트레스들이 당신에게 문제가 되는 것은 아닐 수도 있지만 적어도 이들 중에 몇 가지는 당신의 마음에 평화를 깨트릴 수 있다.

스트레스를 유발하는 요인들에 관한 다음의 질문지를 검토하면서 이들 중 어떤 것들이 당신의 생활과 특히 관련이 있는지를 체크해 보시오. 그런 다음 당신에게 특별히 고통을 주는 항목들이 무엇인지를 노트에 적어 보시오.

내담자가 유발하는 스트레스

이 유형의 스트레스는 내담자의 행동, 특히 내담자가 공격적 행동을 취할 때나, 모욕적 행동을 할 때, 또는 병리적 가정의 힘겨루기 게임에 말려들 때 나타난다. 다음에 예시한 내용들 중 당신이 최근에 경험했던 내용이 있다면 노트에 적어 보시오.

____ 내담자가 갑작스럽게 분노를 표출한 경우

____ 나의 무능함에 대해 비난당할 때

____ 내담자의 심한 우울과 무력감

____ 내담자가 심각한 문제를 표현(근친상간, 상상할 수 없는 박탈감, 심한 상실감 등)하는 경우

____ 자살하겠다고 위협하는 경우

____ 내담자의 가정이 삼각 관계에 있는 경우

____ 조기 종결

____ 내담자의 증상이 심하게 악화되었을 때

근무환경이 주는 스트레스

이 스트레스는 당신이 치료자로서 일하는 곳에서 일과 관련되어 발생하는 스트레스이다. 직업에서 요구되는 것들, 동료나 수련감독자의 행동들, 조직에서 흔히 볼 수 있는 복잡한 절차들, 해결하기 어려운 문제를 잘 처리하도록 요구하는 것 등이 여기에 해당된다.

____ 시간적인 압박감

____ 규모나 범위, 강도에 있어서 해결하기 어려운 사례들

____ 조직상의 역학들

____ 자유를 구속하는 여러 가지 규칙들과 규제들

____ 비우호적인 동료들

____ 경영상의 무능

____ 처리하기에 벅찬 너무 많은 서류들

____ 회사에서 비현실적이고, 논리적으로 합당하지 않은 요구를 하는 것

____ 내담자나 조직, 그리고 자신을 향한 맹렬한 비난들

____ 돈이나 재원의 부족

사건과 관련된 스트레스

앞의 두 스트레스 요인은 주로 타인의 행동과 관련된 것이다. 그러나 다음의 스트레스는 당신 자신의 행동과 관련되는 것들이다. 이 유형의 스트레스는 당신의 사생활에서 경험하는 일들로 인해 당신이 직장에서 일을 하는 데 영향을 주는 문제들이다.

____ 당신에게 부과된 법적인 문제들
____ 인생의 중요한 변화들(나이를 먹는 것과 같은 발달적 변화들)
____ 신체적, 의학적 문제들
____ 가정에서의 문제들
____ 경제적 손실(해고, 이자율이나 주식 시세의 변화)
____ 돈에 대한 압박감
____ 직장에서의 지위 변화

스스로 만드는 스트레스

이 스트레스는 당신 자신이 스스로 유발하는 것이다. 주로 당신의 능력을 저해하는 비현실적 기대들, 잘못된 생각들, 미해결된 개인적 문제들 때문에 유발되는 스트레스이다.

____ 완벽주의
____ 실패에 대한 두려움
____ 자신에 대한 회의감
____ 인정의 욕구
____ 정서적 고갈
____ 건강하지 못한 생활방식

지금까지 알아본 스트레스의 유형들을 다시 한 번 살펴본 뒤, 당신의 스트레스 수준에 가장 많은 영향을 미친다고 생각되는 항목들에 대하여 적어 보시오.

임상실제에서 야기되는 스트레스

당신과 함께 일하는 사람과 당신이 근무하는 환경이 어떤 종류의 스트레스를 주기도 하지만 당신의 치료 스타일이 당신 자신에게 압박감을 주기도 한다. 내담자를 도우려고 열심히 노력해도 효과가 나타나지 않을 때 당신은 개인적으로, 그리고 전문가로서의 한계에 부딪히게 된다. 더구나 당신은 당신이 가진 지식, 행정력, 사고방식에서 과오를 범하기도 한다. 당신이 지금까지 실시했던 치료들을 검토해 보면 다르게 치료할 수도 있었던 여러 방법들과 혹은 다르게 처리했으면 하고 생각되는 치료회기들이 있을 것이다.

당신이 처음 임상수련을 받을 때부터 지금까지 수련감독자로부터 자주 지적받아 왔던 임상실무에서의 약점은 무엇인가? 각 유형별로 몇 가지씩 열거해 보시오(이번에는 이 과제를 빠뜨리지 말고 해 보시오.).

사례 개념화

우리가 가진 맹점과 편견 때문에 종종 치료계획을 공식화하는 것을 빠뜨리거나 오류를 범하는 경우가 있다.

예 나는 마음을 편안하게 해 주는 것을 너무 강조한 나머지 내담자와의 대화에서 문화적, 또는 성 차별에 따른 문제를 인식하지 못하는 오류를 범하였다.

개인적 특징들

치료의 효과는 치료기법의 숙달 여부와 치료적 중재뿐만 아니라 개인이 지닌 자질에 영향을 받기도 한다.

예 일을 올바르게 하려는 나의 욕심이 여러 가지 대안적 방법을 시도해 볼 수 있는 상황에서 융통성을 발휘하는 데 방해가 될 때가 있다.

치료자의 태도

만일 내가 당신이 이전에 치료했던 내담자들을 만나 인터뷰를 한다면, 그 내담자들이 나에게 말할 것으로 예상되는 당신이 통제하거나 숨겼던 태도들과 신념들에는 어떤 것들이 있는가?

예 일부 내담자들은 내가 그들을 추켜세워 주지 않았다고 느낄 것이다. 내가 그렇게 한 것은 그들이 더 노력을 할 수 있는데도 그만큼 열심히, 또 생산적으로 활동하지 않았기 때문이다.

임상적 기술들

임상수련을 받는 과정에서 우리들은 해석, 직면, 느낌 반영, 목표설정 등과 같은 많은 치료기술들을 배웠다. 이러한 기술들 중 어떤 것은 다른 기술들보다 더 잘 활용하고 있을 것이다. 당신은 어떤 종류의 약점을 가지고 있는가?

예 나는 내담자의 문제를 너무 빨리 직면시키는 경향이 있다. 그리고 저항이 생길 때는 고집스럽게 마구 밀어붙이는 경향이 있다.

내담자와 경계 두기

당신은 내담자와 경계를 두는 문제에서 어느 정도로 적당하고, 일관성 있게 해결하고 있는가?

예 나를 시험해 보려는 내담자에 대해 일정한 거리를 두어야 함에도 불구하고 내가 가진 권위의 문제 때문에 방해받을 때가 있다.

이들 각 영역에서 당신이 가진 약점들을 검토한 후, 위의 영역들 중에서 당신이 가진 가장 큰 강점이 무엇인지를 기록해 보시오.

당신이 친하다고 느끼는 적어도 두 명 이상의 동료들과 함께 당신이 작성한 내용들에 관하여 의논하고, 그들에게 치료자로서 당신이 가진 가장 큰 장점이 무엇인지를 물어보시오. 당신 자신이 평가한 내용과 동료들이 지적한 내용들을 비교하고, 이 과정을 통해 무엇을 배웠는지를 아래에 적어 보시오.

____

____

____

____

____

____

도움을 줄 수 없는 내담자들

내가 도움을 줄 수 없거나, 나의 도움만으로는 충분하지 않은 내담자들이 있다는 사실이 우리에게는 큰 스트레스로 작용한다. 심지어 당신이 모든 문제를 해결해 주어야 한다는 욕심 때문에 당신의 머리에서 떠나지 않는 내담자들도 있을 것이다.

나의 한계를 받아들이는 것, 나의 실수를 인정하는 것, 그리고 내담자를 호전시키려는 최선의 노력에도 불구하고, 여전히 내가 도울 수 없는 내담자들이 있다는 사실이 늘 나를 괴롭힌다. 이런 일은 나 자신이 판단을 잘못하였거나 아니면 내가 결점 있는 치료를 실시했기 때문일 수도 있다. 그러나 내담자의 동기가 부족했거나 방어로 인해 치료가 실패했을 수도 있다. 그럼에도 나는 여전히 내가 도움을 주지 못했던 사람들이 나에게 화를 내거나 실망하는 얼굴로 대하는 것을 볼 때가 있다.

내담자가 자살을 하거나 자기 파괴적인 행동을 한 일로 치료자가 자신을 용

서하지 못하여 치료자로서의 직업을 그만 두는 사람들도 있다. 또 어떤 치료자는 치료를 실패한 것이 상처가 되거나, 또는 그것을 너무 개인적인 능력의 문제로 받아들여 치료에서 지나치게 소극적으로 임하게 되는 사람들도 있다. 즉, 그들은 치료를 실패한 것에 대하여 스스로를 용서할 수는 있어도 결코 잊어버리지는 못하는 셈이다. 치료자로서의 한계를 인정하고 받아들이는 유능한 임상가들조차도, 또 실패를 배움의 기회로 여기는 사람들조차도, 또 치료과정의 일차적 책임이 내담자에게 달려 있다고 생각하는 사람들조차도, 그들을 찾아온 한두 명의 내담자가 감정을 억제한 채 아무 말도 하지 않을 때는 고통을 느끼게 된다.

누가 당신을 괴롭힙니까?

지금까지 당신이 치료자로서 일을 했던 과정들을 되돌아보면서 어떤 내담자가 가장 당신을 괴롭혔는지 생각해 보시오. 어떤 내담자가 당신을 가장 잠 못 들게 했고, 또 늘 의식에 남아 있었는지 생각해 보시오. 당신에게 가장 큰 영향을 준 내담자는 누구입니까?

이 사람의 이미지를 당신의 마음속에 떠올려 보세요.
마음의 눈으로 이 사람을 보세요.
당신이 생각해 낸 그 사람은 무슨 옷을 입고 있는지 마음속으로 그려 보세요.
그만의 독특한 몸동작을 기억해 보세요.
당신의 치료실에서 당신에게 좌절감과 무능감과 격분을 야기했던 이 사람의 행동을 기억해 보세요.
이 사람의 목소리를 들어 보세요.

진정으로 주의를 집중하여, 당신의 마음속에 남아 있는 이 사람의 뉘앙스와 독특한 말씨를 기억해 보시오.

이제 당신의 마음에 새롭게 떠오른, 그리고 당신의 마음과 영혼에 명확하게 나타난 이 내담자에 대해서 당신의 내부에서 일어나고 있는 다양한 반응들과 감정들에 대하여 빨리 노트에 적어 보도록 하시오.

실망과 좌절의 기간

이전보다 경제적 여건이 나빠지고, 치료받으러 오는 환자 수도 줄고, 또 심각한 문제들이 증가하기 시작하면 치료자로서의 직업은 훨씬 많은 도전을 받게 된다. 이러한 상황에서 치료자로서 한계를 느끼는 것은 너무나 당연한 일이다. 그러나 당신의 힘만으로는 도움을 줄 수 없는 내담자가 있을 때 그를 놓아주는 것도 훌륭한 방법이다.

앞에서 당신이 마음속에 그려 보았던 그 환자의 사례로 되돌아가서, 이 환자를 어떻게 하면 이전에 당신이 했던 방식과는 차별화시켜 치료할 수 있는지를 생각해 보시오.

앞으로 당신의 치료실에서 다시 이런 문제가 발생한다면 당신이 대처할 수 있는 일이 무엇인지 적어 보시오.

스트레스를 감소시키기

앞으로 치료자로 생활하면서 발생하는 스트레스를 줄이기 위해 당신이 할 수 있는 일은 무엇입니까?

4장 개인적 사생활이 치료자로서 역할을 수행하는 데 미치는 효과

많은 임상가들은 치료 작업을 수행한다는 것이 지적으로나 정서적으로 매우 힘이 드는 도전적인 일일뿐만 아니라 지속적인 조율과 조정, 그리고 배움이 요구되는 업무임을 알고 있다. 우리들 대부분은 어느 정도 새로운 것과 영감에 대한 욕구를 가지고 있다. 우리가 만나는 모든 내담자들이 똑같아 보이고, 비슷한 문제를 가지고 있고, 실제로도 똑같은 치료 방법만을 필요로 한다면 우리는 쉽게 지루해지고 의욕이 저하될 것이다. 우리가 내담자를 치료하면서 통제할 수 없는 스트레스와 마음의 부담을 느끼게 된다면 치료를 통해 얻게 되는 만족감과 기쁨은 줄어들게 된다.

만일 내담자가 치료에서 의도하지 않은 이득이든, 또는 의도에 의해 얻게 된 이득이든 간에 이러한 이득들이 내담자로 하여금 그들의 행동에 대하여 더 반성적이고 심사숙고하도록 만들었다면, 치료자들도 우리가 내담자에게 그들의 삶에 적용하도록 요구했던 것과 똑같은 원리를 우리 자신의 삶에 적용하도록 할 수 있다.

우리들이 어떤 내담자와 죽음, 삶을 변화시키는 결정들, 미래에 대한 계획 등과 관련된 주제들에 대해 집중적으로 대화를 한다고 하더라도 단 일주일의 기간으로는 이러한 문제에 대한 명쾌한 해답을 도출하기는 어렵다. 거의 매번 치료회기에서 우리는 충실함, 책임감, 삶의 의미와 목적 등의 주제에 대하여 다룬다. 치료자가 됨으로써 우리는 이러한 주제들에 관하여 더욱 깊이 생각하게 된다. 내담자들이 치료실을 나가고 나면 우리는 무슨 일이 있었는지, 그것이 내담자의 삶에 어떤 의미가 있었는지 뿐만 아니라 이 주제가 어떻게 우리 자신의 삶과도 관련이 있는지 생각하게 된다. 이것은 우리들과 비슷한 가치와 문화적 배경을 가진 내담자뿐만 아니라 우리와는 매우 다른 세계에 살고 있는 내담자들에게 있어서도 마찬가지다.

물론 반복되는 일상의 삶이 지루하게 느껴진다고 호소하는 어떤 한 내담자로부터 이런 주제가 표현되었을 때, 혹은 성공과 물질을 추구하는 것에 이제 지쳤다고 말하는 다른 내담자로부터 이런 주제들이 표현되었을 때 이를 현재의 주제와 관련시키는 것은 훨씬 더 쉬운 일이다. 당신의 의지에 반하는 거의 모든 것들이 당신의 욕심을 검토하도록 한다.

그러나 우리 자신의 삶에서 직면하게 되는 문제들을 매우 가난한 상태에 있거나 중독된 사람, 학대받은 사람, 또는 정신질환이 있는 내담자들이 나타내는 문제와 연관시키는 것은 옳지 않다. 치료과정에서 일어나는 일들 가운데 중요한 일은 우리들이 가진 문제와 내담자들이 가진 문제와의 차이점과 공통점을 알아내기 시작하는 일이다. 우리는 빈곤하게 산다는 것이, 또는 남들로부터 신체적 · 성적인 학대를 받는다는 것이, 혹은 아편을 상용한다는 것이 어떤 것인지 결코 알지 못할 수도 있다. 그러나 통제할 수 없는 상태가 되거나 무력감을 느낀다는 것이 어떤 것을 의미하는지는 알 수 있다. 우리가 이런 어려움에 처한 내담자의 입장을 이해하여 공감하고 친밀감을 느낄 때, 그리고 희망 없이 산다는 것이 실제로 어떤 것인지를 처음으로 알게 되었을 때 더럭 겁이

난다.

당신이 만나는 내담자들은 모두 당신에게 그들이 투쟁하고 있는 삶의 주제들에 대하여 당신이 볼 수 있도록 어떤 기회를 제공하고 있는 셈이다. 당신이 엘리트층의 사업가를 치료하든, 입원 상태에 있는 만성 정신질환으로 고통받는 사람들을 치료하든, 학대받는 피해자들을 위해 일하든 간에 당신은 해결하려고 투쟁하는 문제에 대한 어떤 해결방법을 찾아야만 된다. 이것은 치료적 관계를 형성시키는 놀라운 도구가 되기도 하고, 또 앞으로 당신이 적용하는 치료적 개입들이 보다 잘 이행되도록 하는 도구가 되기도 한다.

이 장과 다음 장에서는 똑같은 두 현상을 서로 다른 측면에서 다루고 있음을 보게 될 것이다. 전문직을 수행함으로써 치료자의 개인생활에 영향을 받게 되는 점과 치료자의 개인생활이 전문직을 수행하는 데 영향을 미치게 되는 점에 대하여 고찰하게 된다. 비록 다음 장에서 우리는 당신의 치료적 업무 때문에 개인적으로 영향을 받게 되는 점에 대하여 자세히 관찰하겠지만, 이 장에서는 당신 자신의 개인적 취향이나 미해결된 문제들, 그리고 태도들이 당신이 만나게 되는 내담자들에게 어떤 영향을 미치게 되는지에 대하여 살펴볼 것이다.

몇 가지 좋아하는 탐색적 질문들

대부분의 임상가들은 치료를 받으러 오게 된 현재의 증상(불편)이 무엇이든지 간에 그들이 좋아하는 질문들을 치료회기의 어느 시점엔가 도입하고 싶어한다. 치료자가 좋아하는 질문들은 내담자가 치료를 받으러 올 때 표현했던 초기의 문제와 관련이 될 수도 있고 관련되지 않을 수도 있다. 그러나 일반적으로 치료자가 좋아하는 질문은 보통 과거의 문화적 정체성, 신념체계들, 그리고 장래에 대한 계획들을 포함하는 개인생활의 큰 맥락 내에서 일어나는 문제들이거나 또는 임상가의 신념들과 많이 관련될 수 있다. 그러나 단지 6회의 치료회기 동안에만 내담자를 만나야 하는 경우에는 현실적인 한계가 있겠지만, 그래도 우리는 우리가 돕고자 하는 사람들에게 더 많이 자기를 들여다보도록 하고 싶은 바람을 가지고 있다. 우리는 내담자에게 반성과 자기분석이 요구되는 탐색적 질문을 함으로써 그들이 삶에 더 의미를 갖고, 집중을 하고, 책임감을 가지고 행동하게 되기를 희망한다.

치료자가 선호하는 질문들은 대부분 내담자들로 하여금 자신의 문제나 처해진 상황에 대하여 심사숙고해 보도록 계획된 것들이다. 치료자들은 여러 가지 이유로 그들이 좋아하는 질문들을 한다. 대체로 사고를 자극하기 위하여, 혹은 내담자들이 가진 여러 문제들을 통합적으로 이해하도록 하기 위하여, 혹은 치료를 통해 배운 것을 일반화하도록 하기 위하여, 또 자각의 범위를 확장시키기 위하여, 자기분석을 촉진시키기 위하여, 또는 치료의 내용을 다른 내용으로 바꾸기 위하여 질문을 하는 것이 일반적이다. 치료자들은 이러한 질문들을 핵심열쇠(Skeleton Key)라고 부르는데, 문제를 해결하기 위한 일종의 전략이라고 할 수 있다. 즉, 항상 일관성 있게 바람직한 결과를 만들어 내었고, 비교적 간단하며, 또 오래 사용하여 보증이 된 전략이라고 할 수 있다. 이런 질문은 내담자들로 하여금 자신들이 처해진 상황에서 문제를 해결하기 위하여 새로운 대안들을 고려해 보도록 하고, 또 자신이 의도하는 바를 좀 더 명료하게 표현하도록 하는 데 도움을 준다.

사교적 모임에서든 새로운 내담자에 대해서든 우리들이 상대방에 대해 좀 더 잘 알게 되면 우리들 대부분은 그들이 가장 자랑스러워하는 점과 가장 부끄럽게 생각하는 점이 무엇인지에 대하여 질문하기를 좋아한다. 나는 내담자들에게 주로 생각하는 환상이 무엇인지 질문한다. 또 나는 치료자들에게는 치료회기 중 내담자로부터 벗어나고 싶을 때 주로 어떤 생각을 하는지 질문한다. 아직 말하지 않은 문제가 무엇인지, 그리고 비밀이 무엇인지에 관해서도 질문한다. 무엇보다 나는 그들에게 내가 질문할지도 모르는 문제 가운데 어떤 문제가 가장 난처하고 두려운지에 대하여 질문한다.

내담자들을 좀 더 심사숙고하도록 유도하기 위하여 당신이 발견해 낸 탐색적 질문에는 어떤 것들이 있는지 적어 보시오.

1. ______________________________

____

____

2. ______________________________

____

____

3. ______________________________

____

____

당신이 하고 싶지 않은 일들을 내담자들에게는 해 보도록 한 적이 있는가? 이 질문에 대하여 당신은 이미 이전에 대답을 한 적이 있을 수도 있다. 그러나 이 질문에 대한 당신의 반응은 시간에 따라 달라질 수도 있다. 당신은 아래에서 이 질문에 대하여 대답할 수 있을 것이다. 당신은 하고 싶지 않으면서 내담자들에게 시도해 보도록 한 일에는 어떤 것이 있는지 아래에 적어 보시오.

1. ______________________________

____

____

2. ______________________________

____

____

3. ______________________________

____

____

고려해야 할 부가적인 질문들

자기탐색을 촉진하기 위해 당신이 제안했던 질문들에 대하여 당신 스스로 대답을 한 뒤 다음 질문들을 목록에 추가시키시오.

- 지금의 당신이 있기까지 어떤 경험이 당신의 선택에 가장 크고, 구체적으로 영향을 미쳤는가?

- 당신은 현재 업무에서 어디에 방향을 두고 있는가? 5년 안에는 어디에 있기를 바라는가? 10년 내에는 어디에 있기를 바라는가?

• 당신은 어떻게 당신이 할 수 있는 것 이상의 일은 하지 않도록 스스로에게 한계를 정해 두는가?

• 당신은 더 발전된 단계의 전문직 수준으로 나아갈 수 있는데도 불구하고 어떤 핑계를 대며 현 상태에 머무르고 있는가?

• 살아가는 동안 여러 가지 문제가 발생하였을 때 당신은 어떻게 해답을 얻는가?

• 당신 자신에 대해, 그리고 당신의 업무에 대해 스스로 정한 어떤 제한 때문에 지금은 하고 있지 않지만 장차 할 수 있다고 생각하는 일은 무엇인가?

치료자의 행동화

치료자가 되었다는 이유 때문에 우리는 종종 우리 자신에 관해 탐색해 보도록 하는 질문들에 대답을 하도록 강요받는다. 내담자가 조용히 앉아 그들의 상황에 대하여 심사숙고하듯 우리도 똑같이 우리 자신의 삶에서 일어나는 문제들에 대해 해결해 보려고 노력한다.

당신이 실습을 하는 동안 얼마나 많은 통제를 하고, 또 제한을 하려고 시도하는가에 관계없이 당신의 개인 생활이 업무에 많은 영향을 미친다. 앞의 장에서 확인했던 당신의 생활 중 가장 곤란을 주는 일들을 근거로 하여, 당신 자신이 행동화하려고 할 때 그것을 제지하는 방법에는 어떤 것이 있는지 생각해 보라. 나는 일부의 내담자들이 채택하는 극단적인 방법들에 대하여 말하고 있는 것이 아니다. 그것보다는 당신 자신이 제한받는다고 느낄 때 반발을 하거나 저항을 하는 여러 방법에 대하여 말하려고 한다.

다음은 치료자들에게 이런 일이 일어났을 때 많은 치료자들이 어떻게 반응하는지에 대해 기술한 내용이다. 다음의 항목들 중 친숙하게 느껴지는 각 진술문에 대하여 당신 자신의 생각을 추가하여 대화를 완성해 보시오.

예 서류, 서류, 서류 뭉치들, 나는 그 서류들을 바로 처리하지 않는다. 수북이 쌓아 둔다. 아예 쳐다보지도 않는다. 나는 이 서류더미들을 증오한다. 염병할! 나는 '당신은 왜 당신 일을 하지 않느냐' 고 말하는 사람들에게 분노를 느낀다.

예 나는 종종 치료 시간에 지루함을 느낀다. 때로는 내담자들이 빈둥대는 것처럼 보이므로 애당초 치료실에 있어야 할 필요조차 느껴지지 않는다. 나는 고개를 끄덕이며, 듣는 척하지만 사실은 내 자신의 세계로 빠져 들어간다.

예 내가 근무하는 날은 너무 많은 일들이 쌓여 있다. 나는 억지로 일을 해야 한다. 나는 항상 수북이 쌓인 일들을 허겁지겁 해내려고 노력하기 때문에 일하는 데 즐거움을 느끼지 못한다.

예 나는 최근 내 업무의 질적인 면에 대해서는 많은 신경을 쓰지 않는다. 내 주위에 있는 어느 누구도 내가 하는 일이 중요하다고 생각하지 않는 것 같아서 관심을 두지 않기로 하였다.

예 나의 직업에서 더 이상 진전이 없을 때 초조하고 다급해진다. 이런 일, 즉 내가 조급해지는 것은 나와 다르게 생각하는 사람들을 향해 비판하고 싶다는 느낌이 드는 스태프들의 회의 시간에 주로 발생한다. 또한 이런 조급증은 치료회기 중 나의 머릿속에서 내담자에게 "어서! 푸념하는 것을 그만두고, 이제 제발 즐겁게 생활하라구!"라는 소리가 들리는 것 같을 때 발생한다.

예 오늘은 웬일인지 내 일로부터 동떨어져 있다는 느낌이 든다. 지금까지 내가 준비해 왔던 그런 것이 아닌 것 같다. 솔직히 몇몇 사람들이 나를 겁주기도 한다. 그들은 마치 다른 별에서 온 사람 같다.

예 내 스스로 목적을 달성하기 위해 노력한 것은 잠시 뿐이었다. 나는 자주 피곤함을 느낀다. 내가 하기를 원하는 것, 그리고 내가 해야 할 일을 잘할 수 있을 만큼 많은 에너지를 가지고 있지 않은 것 같다.

예 나는 일들을 분별하여 처리하는 데 능숙하다. 직장에 있는 어느 누구도 내가 압박감을 느끼고 있다고는 생각하지 않는다. 나는 압박감을 내 마음속에만 간직한다.

예 나는 내가 무엇을 느끼고 있는지 잘 알지 못한다. 실제로 나는 감정을 잘 차단하는 사람이다. 내가 고민하는 어려움에 대해 말로 표현하기가 어렵다.

추후 작업

앞에서 언급했던 치료자로서 겪을 수 있는 경험들이 당신의 마음에 어떤 식으로든 반향을 불러일으켰을 것이다. 당신이 느끼는 압박감과 스트레스로부터 당신 자신을 보호하고, 또 그런 압박감과 스트레스가 당신의 업무에 영향을 주지 않도록 하기란 쉬운 일이 아니다. 이 장에서 제시했던 여러 가지 주제들에 대하여 다시 한 번 생각하면서 특히 어떤 주제들에 대해 좀 더 심도 있게 논의하기를 원하는지 적어 보시오.

5장 당신의 개인 생활에 영향을 미치는 요인들

일 때문에 느끼는 스트레스와 압박감이 당신의 삶에 중요한 영향을 미치듯 당신이 삶에서 당면하게 되는 스트레스가 전문직을 수행하는 데도 영향을 미치게 된다. 내담자를 치료하고 난 후 치료과정에서 받은 스트레스를 극복하기 위하여 당신 자신이 치료를 받고 싶다고 느끼는 것이 바로 그러한 예이다. 또한 생계를 위하여 당신이 무엇인가를 해야 한다는 것이 좋든 나쁘든 당신의 개인적인 삶에 영향을 미치게 된다.

치료자가 됨으로써 우리들 대부분은 다른 사람들보다 자신의 문제에 대하여 더 많은 생각을 하게 되고, 두뇌를 명쾌한 상태로 유지시키고, 분석적인 사람이 된다. 우리는 사람들에게 인간으로서 겪을 수 있는 혼란을 초래하는 여러 문제들에 대하여 그 이치를 알게 하는 지식들과 기술들을 가지고 있으며, 또한 이에 관한 풍부한 경험들을 가지고 있다. 우리는 문제의 핵심을 파악하여 중요한 일로부터 관련 없는 요소들을 분류해 내고, 그런 다음 일을 더 수월하게 해 나가도록 하기 위해 그런 상황에서 무엇을 해야 하는지를 알고 있고, 또 융통성 있게 여러 일을 처리하는 능력을 겸비하고 있다. 마치 우리는 적어도 우리의 마음이 어떻게 내키는지 아는 것처럼 타인의 기분과 욕구들에 대해서도 매우 적절하게 반응해 주는 능력, 즉 인간의 의사소통에서 가장 미묘한 뉘앙스에 대해서도 민감하게 반응할 수 있는 능력을 가지고 있다.

많은 임상가들은 한 인간으로서 느낄 수 있는 가장 감명 깊은 느낌을 받은 그런 훌륭한 치료를 했던 날이 있었음을 안다. 다른 사람들의 문제를 조율하는 일이 우리 자신의 문제를 모니터링하는 데도 도움을 준다. 마찬가지로 다른 사람이 가진 비합리적 사고와 파괴적 정서, 그리고 역기능적 행동에 대해 직면하도록 돕는 활동들이 우리 자신이 가지고 있는 이러한 문제들을 잘 다루도록 하는 데도 영향을 미친다. 최상의 시나리오는 치료자가 됨으로써 우리는 세상을 살아가면서 겪는 삶의 경험들에 대해 항상 무엇인가를 응용하는 그런 마음 자세를 갖게 된다는 사실이다.

반면 우리는 업무로부터 부정적인 영향도 받는다. 때때로 우리는 많은 사람들이 가지고 있는 어두운 면들을 좀 덮어두고, 덜 인식하도록 하는 것이 오히려 그들에게 더 도움이 되지 않을까 하는 생각을 하기도 한다. 우리는 다른 사람의 고통과 괴로움을 파헤치게 된다는 것이 과연 좋은 일인지에 대해 의문을 가질 수 있다. 치료자로서의 여행이 이런 여러 가지 위험을 내포하고 있다는 사실에 의심의 여지가 없다. 특히 우리가 당면하게 될 어쩔 수 없는 일들에 대해 더욱 세심한 주의를 기울이지 않는다면 더욱 그러할 것이다.

내담자의 영향

업무로부터 오는 부정적인 효과를 최소화하는 하나의 방법은 업무에서 타인과의 상호작용이 어떻게 우리의 개인적인 삶에 영향을 미치게 되는지에 대하여 보다 잘 아는 것이다. 내담자와 치료자 사이의 상호 영향은 양쪽에서 동시에 작용한다. 우리가 내담자에게 영향을 주고 또 내담자를 변화시키기 위하여 최선을 다하는 동안 내담자들도 똑같이 우리들에게 그렇게 영향을 미치려고 노력한다. 그들은 우리의 인정을 받기 위하여 노력하고, 우리들이 그들을 좋아하도록 만들려고 노력하고, 때로는 그들의 가치를 높이기 위하여 우리를 조종하기도 하며, 어떤 때는 그들 자신의 병리증상과 절망을 우리들에게 감염시키기 위하여 노력하기도 한다. 그러나 이런 대부분의 행동들이 우리들에게 일부러 부정적인 영향을 미치게 하려고 의도한 것은 아니다.

한 내담자가 자신의 삶에서 아무런 대안도 선택할 수 없는 그런 함정에 빠진 느낌이라고 말할 때 나는 내가 내 자신의 자유를 포기했었던 그 방법—어떤 드라마틱한 변화를 이끌어 내기 위하여 나 자신에게 수없이 해 보았던 질문들처럼—에 관해 생각하기 시작했다. 내가 수련을 받고 있을 때 어떤 치료자가 다른 임상가들이 사용하는 치료를 '진부한 치료' 라고 놀림감으로 삼을 때 나는 내 자신의 임상 스타일을 변경하기로 맹세하였고, 그래서 나에게 맞는 새로운 방법을 창안해 내었다. 또 내가 어떤 집단치료에서 리더로 있을 때 누군가가 압박을 받는 소수 집단원으로서 느끼는 비주류자의 감정에 대해 이야기하면서, 나도 그에게 압박감을 주는 집단원들 중 한 사람이라고 지목하였을 때 나는 나의 행동이 타인에게 미치는 영향력에 대하여 더 많은 생각을 하게 되었다. 내가 여러 문화권의 학생들과 함께 수업을 받던 중 한 학생이 불교문화와 용서의 원리에 관한 현장연구에 대해 보고했을 때 나는 그 순간 내 삶에 그 개념을 도입해야 한다고 느꼈고, 그래서 수업이 끝나자마자 바로 어떤 일로 멀어지게 된 친구를 찾아가 용서를 청하였다. 이런 예들은 수없이 많다. 왜냐하면 내가 어떤 것 때문에 기쁨을 느꼈고, 두려워했고, 놀라게 되었고, 감명받게 되었는지를 잘 알기 때문에, 그리고 진지하게 내담자에 관해 경청하게 될 때 우리 자신의 삶에서도 경의를 표할 만한 존경스러운 변화들이 일어날 수 있다는 사실을 알기 때문이다.

최근에 어떤 내담자에게 일어났던 일로 인해 당신의 삶에 중요한 변화가 일어난 일이 있다면 그 사건의 예를 적어 보시오.

당신의 개인 생활이 내담자에게 미치는 영향

앞 장에서 우리는 치료자로서의 전문적인 활동이 우리의 개인 생활에 미치는 영향에 대하여 알아보았다. 비록 우리가 스트레스와 관련된 부정적인 효과에 대하여 살펴보았지만 개인적 경험들이 오히려 치료적 업무를 풍부하게 만드는 경우도 많다는 것을 알게 되었다. 마음에 와 닿는 소설책을 읽거나, 자극적인 영화를 볼 때, 의미 있는 대화를 즐길 때, 새로운 곳으로 여행을 할 때, 또는 어떤 신비로운 순간이나 불편한 상황을 경험하게 될 때 우리는 이 일들이 우리를 직접 돕지는 못하지만 그 일들로 인해 배우게 되었던 것을 업무에 응용할 수는 있다.

치료과정에서 당신의 개인 생활로 인해 어떤 내담자가 큰 영향을 받게 된 적이 있다면 그 예를 마음속에 떠올려 보시오.

개인으로서의 입장과 전문가로서의 입장 사이의 관계를 명료화하기

임상가로서 경험하는 개인적인 삶과 치료자로서의 업무를 수행하는 것 사이에는 특이한 관련성이 있다. 어떤 치료자들은 두 존재 방식 사이에 엄격한 경계를 두기 좋아하는데, 그 이유는 우리가 앞에서 조사했던 스트레스와 고갈 증상을 예방하기 위함이다. 두 존재 방식 사이에 엄격한 경계를 긋지 않기를 좋아하는 임상가들은 그들의 개인적인 삶에서 경험하는 것은 무엇이든 치료를 하는 데 풍부한 재료가 되고, 또 내담자의 경험을 더 깊은 수준에서 이해할 수 있다고 생각하기 때문에 그 방식을 더 고수하는 듯하다.

당신이 느끼는 전문가로서의 삶과 개인적인 삶 사이에 존재하는 상호적인 영향에 대하여 보다 분명히 탐색해 보시오.

____

____

____

____

____

____

휴일 없는 생활

임상가들(또는 그들의 가족들)에 의해 종종 관찰되는 현상은 많은 임상가들은 근무를 하지 않을 때에도 치료자로서의 역할을 하려는 경향이 있다는 점이다. 만약 일반인이 이러한 태도를 보인다면 이런 일은 흔치 않기 때문에 우리들은 이들에 대해 동정과 연민을 느낄 것이다. 사실 우리만큼 남의 말을 잘 경청하고, 반응할 수 있는 사람도 많지 않다.

일상생활에서조차 치료자로 남아 있으려는 행동은 대부분 생산적이지 못한 결과를 초래한다. 매일 치료자와 상호작용하거나 생활하는 사람들은 근무 상황이 아닌데도 치료자들이 자신들과 친밀해지려 하기보다 짜증내는 행동을 한다는 사실을 관찰하게 될 것이다.

자기평가

매일 다른 사람들과 상호작용하는 과정에서 치료자라는 존재가 타인에게 어떻게 영향을 미치는지 생각해 보라. 한 인간으로서의 당신과 전문가로서의 당신이 통합적으로 연결될 수 있음을 고려하라. 다음 중 어떤 자질이 자신의 개인적 스타일인지 가능한 한 솔직하게 체크해 보라. 다음 항목에 꼭 들어맞지는 않더라도 어쨌든 체크해 보라.

____ 치료자로서의 가면: 당신은 임상장면에서 내담자에게 하듯이 일상생활에서도 자주 의도적으로 초연한 얼굴표정을 지으려고 애쓰는가? 그래서 다른 사람들이 당신의 얼굴 표정을 읽을 수 없어 화나게 만들지는 않는지 생각해 보라.

____ 임상기술: 치료자의 기본적 전략으로 분류되는 '감정을 요약하거나 반영시키는 것'과 같은 임상기술을 일상생활에서 적용함으로써 덜 권위적으로 보이도록 하는 것

____ 조정: 일상생활에서도 다른 사람을 통제하거나, 대화를 지배하기 위하여 교묘히 조정적인 책략을 사용하는 행동

____ 알아듣기 어려운 심리학 용어: 일상생활에서도 다른 사람에 관해 이야기할 때 심리학 용어를 지나치게 많이 사용하는 것

____ 독단주의: 일하는 방식이 너무나 긍정적이고 확고하여 당신에게는 아무것도 변화시킬 것이 없고, 또 모든 것에 대해 잘 알고 있다는 듯한 태

도를 취하는 것

___ 학자답게 보이려고 함: 당신은 남들보다 더 우수한 수련을 받았고 또 우수한 기술을 가지고 있기 때문에 당신이 얼마나 영리하고 뛰어난지를 나타내려고 거만하고 과시적인 태도를 보이는 것

___ 초연함: 자신을 타인으로부터 거리를 두게 하고, 또 지금까지 아무도 당신을 이해할 수 없었다는 듯한 느낌을 갖도록 하는 그런 습관

___ 진단: 다른 사람의 동기와 행동에 대하여 계속해서 깊은 수준에서 분석하려고 시도하는 것

이 목록을 검토하는 동안 당신의 마음에 가장 와 닿은 것이 있다면 그것에 관해 간단히 서술해 보시오.

____

____

____

____

____

____

____

타인으로부터 더 많은 피드백 받기

당신이 근무상황이 아닌데도 한 인간으로서보다는 마치 치료자로서 행동하는 것이 있는지를 가족이나 친구들에게 물어보라. 이런 행동이 얼마나 거리감을 느끼게 만드는지에 대해서도 물어보라. 당신의 부모 중 한 명이나 두 명 모두, 또는 자녀 중 한 사람, 형제 · 자매, 당신의 배우자나 파트너, 가장 친한 친구, 또는 몇몇 잘 아는 사람들이 당신에 관해 피드백을 해 준 내용에 대하여 적어 보시오.

부모로부터 받은 피드백

자녀로부터 받은 피드백

형제로부터 받은 피드백

배우자/파트너로부터 받은 피드백

가장 친한 친구로부터 받은 피드백

지인으로부터 받은 피드백

대처 기제들

당신이 업무를 하는 동안 어떤 스트레스와 심리적 부담을 느끼게 되면 그것이 생산적인 방법이든, 자기 파괴적인 방법이든 문제를 해결하려고 시도한다. 다음 자료는 여러 가지 대처전략들 중 당신이 선호하는 전략들이 어떤 것인지를 알도록 하는 데 도움이 된다. 물론 이들 대처전략들은 당신에게 긍정적 효과도 주지만 부정적인 부작용도 줄 수 있다.

목록을 작성하고, 그 내용에 대해 두 번씩 체크하라

당신이 직장에서 압박감과 갈등을 느낄 때 이를 극복하기 위하여 사용하는 방법이 있으면 마음속으로 분석하지 말고 떠오르는 대로 가능한 한 많이 적어 보시오. 할 수 있는 한 모든 것을 적어 목록으로 만드시오.

위에 적은 내용 이외에 또 다른 것이 있는지 검토해 보시오. 그리고 아래 제시한 대처전략들 중 해당되는 것이 있다면 위의 목록에 그 내용들도 추가하시오.

____ 자가 치유: 당신은 자가 치유를 위하여 어떤 시도를 합니까? 음주, 약물 복용, 카페인이 들어 있는 음료, 담배 피우는 것 등이 있겠지요. 이밖에 다른 것으로는 위험이 도사리는 일에 무모하게 도전하는 것, 강박적으로 어떤 행동을 반복적으로 하는 것, 도피주의자처럼 행동하는 것 등이 포함될 수 있습니다. 여기서 중요한 점은 당신이 판단해 볼 때 이런 것들이 어떤 점에서 자기 파괴적인가 하는 것입니다.

____ 물질에 대한 욕망 추구: 당신은 갖고 싶은 물건들을 살까 말까 망설이며 생각하는 데 얼마나 많은 시간을 소비합니까? 당신은 얼마나 자주 충족되지 않는 개인적 욕망을 충족시키거나 상처 난 마음을 달래려고 쇼핑을 하고, 또 허전한 마음을 채우기 위해 여행을 합니까? 어떤 치료자들은 더 큰 집, 더 좋은 차, 값비싼 여행, 유행하는 양복, 그리고 다른 고가의 물건들을 구입하기 위하여 빚을 내는 것과 같은 행동을 함으로써 스트레스를 풀려고 시도하기도 합니다.

____ 친밀해지기를 꺼림: 당신은 어떤 사람이 친밀해지려고 할 때 피하는 경향이 있습니까? 치료자들은 친밀한 관계를 즐기려는 사람이라고 잘못 알려져 있기 때문에 항상 이에 대한 부담과 이를 통제해야 하는 입장에 있습니다.

____ 고립됨: 당신 자신을 보호하기 위하여 어떤 장벽을 쌓음으로써 부가적인 고통이나 불편함으로부터 벗어나려고 한 적이 있습니까? 사람들로부터 철수하거나 해방되려고 했던 적이 있는지 찾아보시오.

____ 둔감화: 당신은 불편하거나 위협을 느낄 때 그런 상황에서 유발되는 감정으로부터 당신을 보호하기 위하여 어떤 반응을 취합니까? 당신은 마음속에서 경험되는 격한 감정들이 남들에게 전달되지 않도록 하기 위하여 어떤 노력을 합니까? 이에 대한 해답은 당신을 특별히 잘 아는 사람에게 물어보면 알 수 있을 것입니다.

____ 토라짐: 타인으로 하여금 당신에게 미안한 마음을 갖게 만들고, 또 그러면서 타인을 처벌하는 방법에는 어떤 것이 있습니까? 이 방법은 사랑하는 사람과 접촉하려고 노력하기 위해, 그리고 상대방이 당신을 지지하도록 하기 위해 흔히 사용하는 전략입니다.

당신이 작성한 목록으로 되돌아가기

이제 당신이 작성했던 목록으로 다시 돌아가서, 다른 사람과의 대화를 통해서 얻게 되었거나 추가할 내용이 있는지 검토함으로써 지금까지 생각해 낸 스트레스 극복 방법 이외에 다른 방법이 있었다면 추가하시오. 당신이 작성한 목록 중에서 스트레스를 극복하는 데는 많은 도움이 되지만 부정적인 부작용은 거의 없다고 생각되는 전략들에 동그라미를 하시오. 그리고 정신적, 신체적 건강에 가장 유해한 영향을 미칠 것으로 생각되는 항목에는 네모 표시를 해 보시오.

당신이 방금 깨달은 사실이 있으면 아래에 기록해 보시오

____

____

____

____

____

____

____

중요한 사람들과의 관계에 미치는 효과

임상장면에서 치료자로서 일을 할 때 직면하게 되는 가장 파괴적인 부작용 중의 하나는 당신에게 가장 의미 있는 사람들과의 관계에 미치는 영향들이다. 매일 열정적인 치료회기를 가진 후에는 열정적인 치료를 실시한데 따른 후유증이 뒤따르기 마련이다. 당신은 당신이 제공할 수 있는 것보다 훨씬 많은 것을 요구하는 어려움에 처한 내담자들로부터 자주 공습을 받는다. 그러면 내담

자와의 평범한 대화에서조차 민감해지고 고뇌에 빠져든다. 살아남기 위해 마음속으로 게임을 하는 그런 환자들과 결투를 한 후에는 더욱 냉소적이고 의심하는 마음을 가지게 된다. 환자들과의 관계에서 알게 된 많은 비밀들을 지키고 난 후에는 때때로 폭발할 것 같은 느낌이 들기도 한다.

그러면 업무에서 벗어나 당신 편이 되기를 원하는 새로운 사람들을 만나보라—부모, 형제, 자녀, 배우자나 파트너, 친구, 동료들, 심지어 당신이 어떤 일을 하는지 알기를 원하는 이웃들까지—이 모든 사람들도 당신으로부터 관심과 이해받기를 원한다. 더군다나 그들은 충분히 그럴 만한 가치가 있는 사람들이다. 그러나 도움을 필요로 하는 사람들에게 비위를 맞추느라 스트레스가 가득 찬 날에는 과연 그들을 위해 당신이 무언가 해 줄 수 있는 여력이 남아 있겠는가?

인물 조사

이 활동에서는 당신의 업무가 사적인 관계에 어떤 영향을 미치는지에 대해 살펴볼 것이다 .

- 당신의 삶에서 당신이 돌보아야 할 가장 마음이 쓰이는 사람은 누구인가? 아래에 이에 대한 목록을 작성해 보시오.

____________________	____________________
____________________	____________________
____________________	____________________
____________________	____________________
____________________	____________________
____________________	____________________
____________________	____________________

• 다음 사람들의 역할을 검토한 후, 이 사람들이 당신에게서 무엇을 얻기 원하는지를 예상해 보시오.

배우자/파트너: ____________________

부모: ____________________

자녀: ____________________

형제들: ____________________

친한 친구: ____________________

• 사랑하는 사람들이 당신에게 가장 원하는 것이 무엇인지에 대해 당신이 예상한 것과 실제로 그들이 당신에게 바라고, 느끼고, 생각하는 것이 무엇인지를 비교해 보라. 당신이 생각한 것을 그들과 공유하고, 그들이 당신에게 무엇을 원하는지 알기 위해 그들을 초대하여 말해 보도록 하시오.

____

____

____

____

____

• 업무에서 요구되는 것과 당신의 개인생활에서 요구되는 것 사이에 얽혀 있다고 생각하는 내용들에 대하여 아래에 적어 보시오.

____

____

____

____

____

____

- 당신이 가장 고귀하게 여기는 사람과의 우호관계가 일에서 오는 압박감과 긴장감 때문에 어떻게 타협되고, 무시되고, 과소평가되고, 가치 절하되고, 감소되었는지를 밝혀 보시오.

집안 일

직장에서 겪는 특별한 스트레스 사건이나 강렬한 또는 학대적인 사건으로 인해 개인적 관계가 끝장나는 일이 자주 있다. 가장 최근에 이런 일이 일어났는지 기억해 보시오.

어떤 문제 때문에 당신이 사랑하는 사람들에 대해 그들의 말을 듣거나 보호 또는 생산적인 반영과 같은 건설적인 방식으로 일을 처리하기보다 그냥 무책임하게 내버려 두었는가?

과거를 파헤치기

내담자들이 자신의 욕구를 충족시켜 주지 않는 사람들과의 관계에서 자주 역기능적 행동패턴을 보이거나 그들과 갈등을 초래하듯이 당신 역시 그럴 수 있다. 일상생활에서 타인과 계속 어려운 관계에 있었거나, 또는 누구와 주로 어려운 관계가 야기되는가?

당신이 과거에 경험했던 미해결된 문제 때문에 사랑하는 사람들과 갈등관계를 초래하게 된 최근의 일에 대하여 생각해 보시오.

회고하기

치료자로서의 일 때문에 당신이 고통을 받아야 했던 일들 중 기억에 남는 부작용이 있었다면 무엇인지 하나만 골라 적어 보시오

당신에게 영향을 미친 몇 가지 다른 부작용에 대하여 적어 보시오

6장 치료자로서 당신이 해야 할 일에 대하여 알기

우리가 만나는 내담자, 함께 일하는 동료들, 그리고 우리가 일하는 장면과 관련하여 우리들이 당면하게 되는 많은 난관이 있음에도 우리는 남에게 도움을 주는 이 일에 매력을 느낀다. 치료라는 것이 너무 모호하고 추상적이며 복합적이고 불확실하여 때로는 실망감을 느끼게 될 때도 있다. 우리는 자주 자신의 문제가 무엇인지 정확하게 말로 설명할 수 없는 사람들을 치료할 때도 있고, 논쟁의 소지가 있으며 의견 일치가 되지 않는 치료 방법을 사용하기도 하고, 바람직한 결과를 가져다 줄 것이라고 확신할 수 없는 치료기법을 도입하여 사람들을 돕기도 한다. 내담자들 역시 그들이 가진 문제에 대하여 진실을 차단하고 거짓말을 하거나, 혹은 그들에게 일어나지 않았던 일을 마치 행한 일인 것처럼 속이기도 한다. 우리는 치료회기를 통하여 우리가 생각하는 변화들과 우리가 관찰할 수 있는 변화들이 실제로 일어난 일인지 확신할 수가 없다. 그리고 만일 중요한 진전이 이루어졌다고 하더라도 그 효과가 앞으로도 계속 유지될 것인지에 대해서도 의문이다.

그러나 이런 문제에 대해 걱정하지 않아도 된다. 왜냐하면 우리들은 계속해서 치료기술들을 향상시키려고 노력하기 때문이다. 우리는 대부분의 시간 동안 마치 우리가 무엇을 하고 있는지에 대해 잘 알고 있는 것처럼 행동할지도 모른다. 그러나 때로는 우리의 진실을 우리 자신에게 속이고 있는지도 모른다. 종종 우리는 왜, 어떻게 해서 내담자가 변화되었는지, 또는 어떤 구체적인 개입이 치료효과를 낳게 하였는지에 관해 알지 못할 때도 있다. 우리는 우리가 하고 있는 일이 실제로 효과가 있는지에 대해 진지하게 의심을 하기도 한다.

가장 어려운 점은 우리가 하는 일이 가장 효과적이고 유용하다는 증거를 객관적으로 제시하기가 힘들다는 점이다. 그래서 우리는 아직도 우리 자신도 충분히 이해하지 못하는 현실 속에서 치료를 하는 전문가로 살고 있다. 이런 점이 치료와 관련하여 우리들이 직면하는 어려운 점이다.

치료의 신비

사업이 잘되지 않는 상태에서 우리들이 치료자로서의 일을 계속할 것인지를 결정해야 하는 문제는 치료라는 일을 하는데 있어서 나타나는 불가피한 모호함을 얼마나 잘 견뎌낼 수 있는가 하는 문제와 직결된다. 그럼에도 우리들이 치료자로서 무엇을 해야 하는지를 아는 것은 매우 중요하다. 그래야만 치료에서 바람직한 결과를 얻기 위하여 일관성 있게, 또 신뢰를 가지고 치료자로서의 업무를 다시 반복할 수 있기 때문이다.

변화의 촉매자로서 당신이 가진 힘과 영향력을 이해하기 위한 여행을 계속하는 방법은 여전히 치료라는 작업이 신비롭다는 사실을 인정하는 것에서부터 시작해야 한다. 내가 여기서 치료라는 업무가 신비롭다는 사실을 기꺼이 인정해야 한다고 말한 것은 실제의 사실을 이해하는 것보다는 지금-현재 일어나고 있는 일에 대하여 더 많이 이해하려고 노력해야 함을 의미한다.

어떤 내담자에게 극적인 변화가 일어나 나에게 무슨 일이 있었는지 설명해 달라고 요청할 때 나는 내담자의 동기나 기대와 관련된 변인들과 내가 적용한 모델, 우리가 협상한 특별한 종류의 관계들, 그리고 위험을 무릅쓰고 내담자를 돕기 위하여 실시한 몇 가지 구체적인 중재법이 포함된 상당히 그럴듯한 설명들을 말해 준다. 그러나 나에게 다시 어떤 부분들이 치료효과를 이루게 했는지를 묻는다면 나는 주저하게 될 것이고, 마지못해 몇 가지 요소들이 치료효과를 나타냈다고 말할 것이다. 그러나 다시 한 번 나에게 더 확신감을 가지고 질문을 해 보라: 이것이 실제로 일어난 효과라는 것을 얼마나 자신 있게 확신할 수 있습니까?

이런 질문은 나를 난처하게 만들고, 결국 나는 얼버무리고 말 것이다. '글쎄요. 솔직히 말하면 아마 그럴 거예요. 내가 수행한 많은 연구들과 이전의 경험들에 비추어 볼 때, 또 내가 실시한 것에 비추어 볼 때, 아마 확실한 것 같아요. 아마 거의 그럴 거예요. 그런 일이 일어났다고 상상이 되지요.'라고 나는 말할 것이다.

이러한 자백이 처음에 지나치게 과장된 확신을 가지고 표현했던 것보다는 더 정직하고 정확할지 몰라도 이런 자백은 치료자로서 최우선적으로 해야 할 일이 무엇인지에 관한 강한 내적 확신감을 이끌어 내지는 못한다. 나는 아직 치료자로서의 일에 관해 완전히 이해하지 못하는 부분이 많다. 나는 어떤 가족 내에서 반복되는 신체적, 성적 학대로 고통받는 두 자매가 어떻게 다른 결과가 초래되고, 똑같은 치료중재에 대해서도 서로 반대로 반응하게 되는지에 대하여 이해할 수 없다. 또 왜 그렇게 많은 치료자들이 그들의 업무에서 분명히 다른 치료적 접근을 하는데도 결과적으로는 긍정적인 성과들을 얻게 되는지도 이해하지 못한다. 나는 치료회기에서 무엇이 내담자로 하여금 울음을 유발하게 되는지 정확히 알지 못한다. 또한 내담자의 울음이 왜 그렇게 강력하고, 또 가시적인 변화를 이끌어 내는지에 대해서도 알지 못한다. 나는 치료에서 현재를 고집해야 하는지, 과거를 파헤쳐야 하는지, 혹은 미래에 초점을 맞추어야 하는지 알 수 없다. 나는 치료에서 나타나는 대부분의 반응들이 정서적인 활성화 수준에서 일어나는지, 인지적 재구조화의 수준에서 일어나는지 잘 알지 못한다. 나는 실제로 어느 시점까지는 매우 효과적으로 행해졌던, 다소 모순이 있더라도 잘 적용되었던 치료기법들이 왜 일시적으로 유행하다가 사라지는지 그 이유에 대하여 알지 못한다.

이런 일련의 질문들처럼 치료과정에서 당신이 이해하지 못하는 측면들에는 어떤 것이 있습니까? 치료에서 당신을 당혹하게 만드는 세 가지 요소들을 적어 보시오.

1. ______________________________

2. ______________________________

3. ______________________________

치료분야에서의 중요한 변화들

당신은 어떤 치료가 완전한 것인지, 그 치료가 어떤 점에서 효과적인지, 또 여러 상황 중에서 그 상황에 가장 적합한 최선의 치료 방법이 무엇인지에 관한 분명한 지침이 있다고 생각할지 모르지만, 최근 몇 년 사이에 전문직에서의 새로운 변화에 적응하는 데 있어서 아연실색할 만큼 많은 변화가 있어 왔다. 전문경영인이 운영하는 기관들은 개인 개업가들이 해 오던 일의 방식을 완전히 변화시켜 버렸다. 우리는 더 이상 치유자로 불리는 것이 아니라 서비스 제공자로 불린다. 즉, 이 말은 우리가 아티스트라기보다는 예상되는 시간표에 따라 어떤 종류의 표준화된 절차를 제공하는 것으로 기대되는 기술자라는 의미를 내포하고 있다. 정부기관에서 일하는 치료자들조차 때로는 터무니없이 짧은 기간 내에 치료를 해야 하는 압박감에 처해 있다. 소비자들은 치료가 아니라 약물을 사용하더라도 증상만이라도 빨리 해결해 주면 되는 그런 신속한 치료를 더 많이 기대한다.

가장 극적인 몇 가지 변화들이 다음에 제시되어 있다. 각각의 항목들에 대하여 당신이 발견한 곤란한 점과 도전거리가 있다면 그 점에 대하여 적어 보시오. 이 책에서 제시한 다른 예들처럼 이 부분에서도 당신의 반응을 의도적으로 알맞게 짜 맞추려고 하기보다는 정직하게 대답하는 것이 더 도움이 될 것이다.

• 사업으로서의 치료: 치료의 효율성과 단기치료, 경영인에 의한 관리, 치료의 책임성 등이 점점 더 강조되고 있다.

예 전문경영인이 운영하는 기관들은 적정성, 그리고 어떤 고정된 비용만으로 더 많은 서비스를 받기를 바라는 사람들의 머릿수대로 보험료를 받는 정책을 따르고 있다. 이러한 결과는 치료자들에게 일의 질적인 면에 대한 관심보다는 생산라인에서서 일하고 있다는 느낌을 갖게 하는 결과를 초래한다.

• 기술: 컴퓨터 기술의 혁신으로 치료자가 연구하는 방식들과 의사소통 방식, 서류를 완성하는 것, 그리고 영수증을 처리하는 방법에서도 혁신적인 변화를 가져왔다.

예 나는 내담자나 동료들과 얼굴을 맞대고 대화를 하는 시간만큼이나 많은 시간을 컴퓨터 화면을 바라보는 데 할애하고 있다. 아마 이게 더 효율적인지 모르겠다. 그러나 나는 다른 사람들과 더 오랜 만남의 시간을 가져야 하는 기회들을 컴퓨터 때문에 놓치고 있음을 안다.

• 새로운 패러다임: 최근 몇 년을 단위로 현재 우리가 사용하는 이론들이 폐기 처분되었거나, 더 이상 못 쓰게 된 경우가 있다.

예 "나는 방금 새로운 단기치료 워크숍에 참가하였다가 돌아왔어. 역시 훌륭한 워크숍이었어. 그러나 만일 이 치료법이 내가 해야 할 일이었다면, 내가 최근까지 해 왔던 모든 일들은 결국은 실제로는 치료가 아니었다는 의미야. 어쩌면 나는 모든 내담자들을 다시 불러서 당신들은 더 나아진 게 아니라고 말해야 될지도 모른다는 생각이 들어."

• 새로운 연구: 매년 출판되는 모든 문헌들을 시대에 뒤떨어지지 않기 위하여 다 읽는다는 것은 불가능한 일이다. 그중에 많은 문헌들은 혼란스럽고, 서로 모순되기도 하며, 이해하기가 어렵기도 하다.

예 나는 침대용 스탠드 위에 쌓아 둔 논문들을 가져왔다. 최근에는 이것을 일부러 보지 않았다. 왜냐하면 그 논문들은 절대적으로 나의 도움을 필요로 하는 사람들을 돕기 위해 작성된 나의 임상적 기술을 진전시키는 데 도움이 되는 것이라기보다는 저자들이 정년보장을 받기 위하여 의도적으로 쓴 것이라는 생각이 더 들기 때문이다.

• 문화적, 성적 민감성: 우리는 내담자의 경험을 문화적 맥락이라는 관점에서 이해하지 않고는 더 이상 효과적인 치료를 기대할 수 없게 되었다.

예 나는 때때로 왜 우리들은 사람들이 공통적으로 가지고 있는 특성보다는 차이점에 대해 더 많은 강조를 하지 않는지에 대해 의아하게 생각한다.

• 정략적인 정확성: 현재 우리의 전문직 풍토에서는 어떤 주제에 대해서 개방된, 그리고 공개적인 논쟁을 하기 어려운 그런 주제들이 있다.

예 세계가 너무나 빠르게 변화되고 있어서 나는 때로 시대에 뒤떨어져 있다는 느낌이 들 때가 있다. 나는 내가 무엇을 말해야 할지, 또 어떻게 말해야 할지에 대해 신중하게 처신해야 할 필요가 있다. 그래서 나는 어느 누구에게도 감정을 상하지 않게 하려고 마치 로봇처럼 말한다. 이런 일은 사례회의 시간에서도 일어난다. 마찬가지로 치료회기 중에도 나타난다. 지금까지 말해오던 방식을 바꾸기가 어려워 치료 장면에서 말을 할 때도 자연스러움을 많이 잃어버렸다.

• 도덕적 책임감: 치료자들에게 도덕적인 기준을 지키고, 부당함에 대하여 싸우도록 요구하는 일이 점점 더 늘어 가고 있다. 심지어 어떤 경우에는 비도덕적인 행동을 한 내담자들과 동료들을 비난하게 되기도 한다.

예 나는 무비판적으로 있어야 할 필요가 있는 것과 비판적 태도를 지녀야 하는 것 사이의 틈바구니에 끼여 있다고 느낄 때가 있다. 또한 정당하지 않다고 여겨지는 태도와 행동들에 대해 너그럽게 봐주지 못한다고 느낄 때도 있다. 어떤 내담자가 경멸의 뜻으로 유대인과 깜둥이, 웻벡(불법으로 미국에 입국하는 멕시코인을 지칭함) 등에 대해 말할 때 나는 무엇인가를 말해야 한다. 예를 들면, "이대로 내 버려 둘 수 없어."라고 말할 수도 있다. 그러나 그렇게 말하면 이 내담자에게 내가 그를 이해한다고 느끼도록 하는 기회에 상처를 입힐지도 모른다는 생각이 든다.

적극적인 요소들

치료를 효과적으로 하기 위해서는 치료회기에서의 긍정적인 변화를 이끌어 내기 위한 가장 본질적인 요소들이 무엇인지를 밝혀내는 것이 필요하다. 마음속에 떠오르는 변인들은 구체적인 헌신이나 개인적 선호(취향)들을 초월한 것이어야 한다.

• 성장과 긍정적인 변화를 가져오는 데 기여하는 모든 요소들과 변인들에 대한 목록을 만들어 보라. 극적인 성장과 지속적인 성장을 일으키는 데 가장 큰 영향을 미친다고 생각되는 항목들을 특별한 순서에 관계없이 적어 보라.

1. ______________________________
2. ______________________________
3. ______________________________
4. ______________________________
5. ______________________________
6. ______________________________
7. ______________________________
8. ______________________________
9. ______________________________
10. ______________________________

• 마음속에 떠올랐던 변인들 이외에 다음의 항목들 가운데 당신이 가장 중요하다고 생각하는 것을 목록에 추가하라.

위약효과: 긍정적인 변화를 유발하기 위하여 기대를 갖도록 하는 것

의식의 변화: 내담자로 하여금 더 쉽게 영향을 받고 민감해지도록 하는 그런 마음 자세를 갖도록 함

치료 관계: 존경과 보호에 바탕을 둔 치료 동맹관계를 구축함

정화과정: 내담자로 하여금 감정을 표현하도록 하는 기회를 제공함

의식의 향상: 내담자로 하여금 다른 대안적인 방법과 관점들을 갖도록 격려함

강화: 자신의 잠재력을 충분히 발휘하도록 해 주고, 자기 강화적 행동들

을 지지해 줌

시연: 새로운 행동을 반복해 보도록 기회를 제공함

과제 촉진: 바람직한 목표를 달성하기 위해 체계적인 단계들로 구성되는 배움의 과정들을 구조화함

문제 타파: 내담자들에게 자신들의 문제들을 해결하도록 하는 새로운 방법들을 발전시키도록 마음을 동요시킴

모방: 당신의 가치나 행동들 중 내담자가 배워야 할 가장 중요한 것이라고 생각되는 것을 시범을 보임

• 당신이 수정하여 작성했던 모든 요인들을 살펴본 후 이를 당신의 직관에 따라 3 혹은 4 집단으로 분류해 보라.

집단 1

1. ____________________
2. ____________________
3. ____________________
4. ____________________

집단 2

1. ____________________
2. ____________________
3. ____________________
4. ____________________

집단 3

1. ____________________
2. ____________________
3. ____________________
4. ____________________

집단 4

1. ____________________
2. ____________________
3. ____________________
4. ____________________

• 일단 당신이 직관적으로 이 요인들을 몇 개의 집단으로 분류하였다면 다

시 돌아가 각 유형별로 이름을 붙여 보라.

- 이들 중요한 요인들이 당신의 임상적 업무에서 어떻게 표현되는지를 검토해 보라.

불일치하는 피드백

당신의 업무에 있어서 혼란과 좌절을 일으키는 또 다른 하나의 문제는 사례를 진행시키는 최상의 방법에 대해 여러 동료들과 감독자들로부터 서로 다른 의견을 듣는 것이다. 당신이 한 거의 모든 일이 잘못되어 수정해야 한다면 이 사실을 견디며 지내기는 어려운 일이다. 더구나 6회기 정도의 경력을 가진 치료자들에게 자문을 요청하였는데, 당신이 요청한 질문에 대해 다양한 대답을 듣게 된다면 더 큰 좌절감을 느끼게 될 것이다.

예를 들면, 다음과 같은 상호작용을 상상해 보라.

내담자: 나는 보호센터에 있는 사람들로부터 치료를 받았는데 그들이 제공한 치료 방법에 대하여 믿을 수가 없었어요. 그들은 나에게 했던 것처럼 누구에게 어떤 일이 일어났는 데도 전혀 개의치 않는 것 같았어요. 나는 그들에게 그냥 하나의 사례에 불과했어요.

치료자: 지금 당신은 처음 치료자들과 접촉했었던 일에 관해 다시 한 번 생각해 보고 있는 중이군요. 당신은 그들이 해야 할 직업적 업무, 즉 다른 사람을 충분히 돌보지 않은 데 대하여 화가 났군요. 또한 그들을 신뢰해야 할지, 말아야 할지에 대해 생각하고 있는 당신 자신에 대해서도 화가 나 있는 것 같군요.

자, 이제 이 분야에서 6회 정도의 치료 경험이 있는 전문가가 일방 거울 뒤편에서 이 사례를 지켜보고 있다고 상상해 보라. 그리고 치료자의 중재에 대하여 다음과 같은 논평을 했다고 상상해 보라.

감독자1: 감정과 내용에 대해 확실히 반영을 하였다.
감독자2: 직면이 너무 빨랐던 것 같다.
감독자3: 너무 뻔하고 피상적인 듯하다.
감독자4: 이번 관찰은 정당성을 인정할 수 없는 듯하다.
감독자5: 내담자로 하여금 더욱 실제 문제로 다가가도록 하였다.
감독자6: 나는 이 치료에서 치료자가 무엇을 하려는지 확신이 가지 않는다.

만일 이러한 단일 어구에 대하여 그렇게 많은 다양한 의견이 있을 수 있다면—그것이 도움이 되는 것이든, 해가 되는 것이든, 아니면 아무 쓸모가 없는 것이든 간에—많은 사례 개념화에서는 더 많은 다른 의견들이 있을 것이다.

최근 여러 곳으로부터 서로 모순되는 피드백을 받은 이와 비슷한 경험이 있는지를 적어 보시오.

당신이 힘들어했던 그런 사례에서 무엇인가 유용하게 도움을 줄 수 있는 방향으로 의견 차이를 해결할 수 있는 가장 좋은 방법에는 어떤 것이 있는지 적어 보시오.

당신이 확실히 아는 것에 대한 검토

의견 차이에도 불구하고, 심지어 임상실제에 있어서 이상적인 방법에 관한 격렬한 이론상의 논쟁이 있었음에도 불구하고 당신이 하는 업무와 당신이 하는 치료방식에서 스스로 확신할 만한 어떤 지침이 있게 마련이다. 당신이 하는 치료업무에 있어서 지침이 될 만한 몇 가지 확실한 원칙들이 있다면 요약하여 기술해 보시오.

2부

당신 자신을 돌보기

7장 역전이 다루기

지금까지 작업에서는 당신이 전문직을 수행하는 과정에서 나타나는 여러 가지 어려운 문제들과 그것이 당신의 개인 생활에 미치는 영향에 대하여 살펴보았다. 당신이 치료과정에서 직면할 수 있는 문제들에 관해 세밀하게 평가해 보았고, 쓸모없는 스트레스의 근원에 대해서도 명확하게 알게 되었다. 당신이 이런 문제에 대해 잘 인식할수록 당신의 내담자를 통찰에 이르도록 잘 도울 수 있다. 그리고 이런 문제에 결정적인 영향을 미치는 것에 대해서도 알아보았다.

그러나 이번 과정에서는 내담자의 행동에 많은 초점을 두거나 당신의 통제 밖에 있는 다른 외적 요인들에 관심을 두기보다는, 당신이 만나는 내담자와의 경험에 대한 당신 자신의 내적인 반응들에 보다 직접적으로 주의를 기울이는 것이 필요하다. 특히 당신이 내담자에게 보이는 특이한 반응들로 인하여 당신의 명료함과 열정을 방해할 수 있는 그런 내적인 반응들에 대하여 다루게 된다.

동일한 사례에 대하여 두 명의 치료자가 매우 다르게 반응할 수 있다는 사실은 놀라운 일이다. 어떤 임상가는 자신이 만난 내담자를 매우 저항적인 사람이라고 생각하는 데 비해, 다른 임상가는 그 내담자를 치료하기가 좋은 사람이라고 생각할 수도 있다. 물론 이러한 반응 차이는 각 임상가가 내담자의 행동을 어떻게 보느냐에 따라, 그리고 더 중요한 것은 내담자와의 상호작용에서 구체적으로 무엇에 초점을 두고 강조했느냐에 따라 다르게 나타날 수 있다.

정신역동적 접근이든, 구성주의적 접근이든, 실존주의적 접근이든 혹은 체계모형에 입각한 접근이든 간에, 또 그들이 과거에 대해 다루든, 현재에 대해 다루든 간에, 또 그들이 통찰에 초점을 두든, 행동에 초점을 두든 간에 대부분의 치료자들은 자신들의 개인적 반응이 치료 결과에 중요하게 영향을 미친다는 사실에 대해 잘 알고 있다. 내담자가 치료자에 대해 어떻게 느끼느냐 하는 것은 치료자가 내담자에 대해 어떻게 반응하느냐 하는 만큼 똑같이 치료에 중요한 영향을 미친다.

역전이 징후

역전이란 치료자의 해결되지 못한 개인적 문제나 편견들 때문에 치료자가 내담자의 행동에 대하여 과장된 반응을 하는 것으로 정의된다. 이런 부적절한 역전이 반응들은 당신이 싫어하는 내담자들에게는 부정적인 형태로, 또 매력적이라고 생각되는 내담자들에게는 긍정적인 형태로 나타난다.

몇 가지 개인적 실례들

다음의 각 징후들과 증상들은 치료과정에서 어떤 한 내담자에 대해 치료자가 갖는 매우 강한 개인적 반응의 결과로 나타날 수 있는 문제들이다. 각각에 대해 당신이 경험했던 개인적인 예들을 적어 보시오.

• 어떤 내담자에게는 돌보아 주고 싶은 생각이나 존경하는 마음을 느끼기가 어려웠다.

• 치료 시간이 지루하게 느껴지고 주의집중을 할 수가 없었다.

• 당신은 어떤 내담자에 대해 지나치게 과잉동일시함으로써 내담자가 표현하는 감정에 대해 계속 부정확한 해석을 하였다.

• 당신은 어떤 한 내담자 때문에 방해받고 있다는 느낌과 무력감, 좌절감을 느꼈다.

• 당신은 어떤 사례에서 세부적인 특정 내용에 관해서는 이상하게 기억이 나지 않는 경우가 있다.

• 당신은 어떤 유형의 내담자에 대해서 경멸적인 어투로 말하는 경향이 있다.

• 치료하는 과정에서 당신이 내담자보다 더 힘들어하고 있다는 것을 안다.

• 당신은 어떤 내담자에게 필요 이상의 감정을 느끼는 자신을 발견하거나, 또는 어떤 특별한 특징을 가진 사람들(예컨대, 부유하거나 반항기질이 있는 사람, 또는 곱슬머리의 사람 등등)에 대해 매력을 느끼는 자신을 발견한다.

누가 당신의 마음을 사로잡는가?

지금까지 근무를 해 오는 동안 쉽게 당신의 마음을 사로잡았던 특정 유형의 내담자들이 있었을 것이다. 당신의 마음에 특별히 와 닿았던 사람들이 여기에 해당된다. 당신은 다른 내담자들에게는 결코 허용하지 않았던 것을 이들에게는 허용할 수도 있다. 또 다른 부류로는 특별히 강한 분노나, 좌절감, 부러움, 연민 또는 조바심을 느끼게 만드는 내담자들이 포함된다. 역전이 반응은 당신이 가진 미해결된 문제의 결과로 나타나는 것이지만, 모든 임상가들이 이런 내담자에 대해 당신과 똑같이 반응하지는 않는다.

문 안으로 들어서자마자 즉각적으로 나의 마음을 끄는 내담자들이 있다. 나는 종종 나와 비슷하게 캐주얼 차림의 옷을 입은 사람에게, 자신의 심정을 쉽게 털어 놓는 사람에게, 어떤 정해진 한계 내에서 권위인물에 반항하는 아동들에 대해, 또 거침없이 울 수 있는 남자들에 대해, 침착하면서도 확신감에 차 있는 여성들에 대해, 나에게 예의를 갖추면서도 단호하게 나의 의견에 동의하지 않는 내담자들에 대해, 내 문제와 비슷한 문제로 투쟁하고 있는 내담자들에게 동정심과 친근감을 갖는다. 나는 그런 내담자에게는 돈도 적게 받고, 스케줄도 더 융통성 있게 조정해 주며, 내가 정한 한계를 침범해도 그냥 넘어가는 경향이 있다.

나는 이 사실을 인정하는 것이 약간 부끄럽기는 하지만 뚱뚱한 사람, 담배 피우는 사람, 징징대는 사람, 너무 많은 말을 하면서 남의 말은 잘 듣지 않는 사람에 대해서는 강한 부정적인 반응을 나타낸다. 특히 거만한 사람과 거드름을 피우는 사람, 그리고 권력과 권위적인 위치에 있는 사람을 치료할 때 어려움을 느낀다.

다음의 빈칸에다가 당신이 일관성 있게 긍정적인 반응을 보이거나, 부정적인 반응을 보이는 내담자들이 있다면 이에 대한 목록을 만들어 보라.

내가 좋아하는 내담자들	내가 싫어하는 내담자들

개인적, 성적 매력

이것은 종종 공적으로 표현되는 감정과 개인적인 공상 사이에 불일치가 나타나는 금기시되는 영역이다. 내담자에게 성적인 감정을 표현하는 것이 좋지 않다는 것은 누구나 다 아는 사실이다. 그것은 권력의 남용이고 신뢰에 대한 배반이다. 이것이 실제로 법적인 형태의 강간이 아니더라도 확실한 정서적 형태의 강간이라도 마찬가지다. 이것을 위반하는 사람은 면허를 박탈당하기도 하고, 감옥으로 갈 수도 있다.

특정 내담자에게로 향하는 개인적 혹은 성적인 매력을 느끼지 않도록 하기 위하여 여러 가지 노력을 기울이는 데도, 우리들 대부분은 때때로 성적 유혹을 느끼기도 한다. 거의 매주 당신의 맞은편에는 별 같이 빛나는, 감탄을 자아내게 하는, 심지어 유혹의 눈길을 보내며 앉아 있는 내담자가 있을 수 있다. 당신의 마음속에서는 '이 사람이 훨씬 더 친밀한 방법으로 나에 대해 알고 싶어 하는구나.' 라는 생각이 들기도 할 것이다. 더 복잡한 상황의 어떤 감미로운 순간에는 당신도 이 사람을 실제로 굉장히 매력적인 사람이라고 인정하게 될지도 모른다.

• 지금 당신이 치료하고 있는 내담자 중에서 개인적인 면에서, 그것이 신체적이든, 지적이든, 영적이든 또는 정서적이든 당신의 마음을 사로잡고 있는 내담자가 있다면 그에 대하여 생각해 보라. 당신은 이 내담자에 대해서는 당신이 치료하는 다른 내담자들과는 다르게 대하고 있다는 사실을 어떻게 아는가? 이 내담자에 대해 당신이 헌신하는 시간과 관심의 정도가 어느 정도인지, 또 어떻게 융통성을 허용하는지를 생각해 보라.

• 당신은 얼마나 자주 이 내담자에 관한 생각으로 시간을 보내는가? (당신이 어떤 사람에게 성적인 매력을 느낄 때 그 사람에 대해 생각하는 것과 같은 그런 느낌으로)

• 당신은 어떤 내담자에 대해 매력을 느낄 때 그런 감정이 치료과정에 개입되지 않도록 하기 위해, 그리고 자신의 충동을 통제하기 위해 어떤 조치를 취하는가?

역전이 반응 다루기

파일럿은 비행기가 이륙하기 전에 모든 것이 잘 정리되어 있는지 확인하기 위하여 체크해야 할 목록들을 먼저 점검한다. '날개는 괜찮은지?' '엔진은 잘 작동되는지?' 등등. 이와 비슷한 방법으로 당신이 어떤 치료 사례에서 어려움에 처했을 때 자신의 전문가로서의 특질과 개인적 반응들을 평가하는 일련의 질문들을 해 보면서 시작하는 것이 좋다.

이전에 내담자를 치료하면서 치료하기가 까다로워 당신의 능력에 대해 회의감이 들게 했던 내담자를 마음속에 떠올려 보라. 당신에게 가장 극적인 반응들을 유발했던 그 구체적인 행동에 대해 초점을 두면서 다시 한 번 이 내담자를 분명하게 마음속에 그려 보라. 이제, 그 사례에 대해 생각하면서 다음의 질문에 대답을 해 보라.

- 무슨 문제 때문에 당신과 내담자 사이의 관계가 더 이상 진전될 수 없을 것이라고 확신하게 되었는가?

- 두 사람 사이에 발생된 문제에 대하여 당신은 어떻게 과민 반응을 하였는가?

• 마음이 내키지 않거나, 또 그렇게 할 수 없는 이 사람에게 당신이 기대하는 것은 무엇이었는가?

____

____

____

____

• 그 당시 당신이 내렸던 치료적 진단을 지금의 관점에서 본다면 어떤 다른 더 유용한 것으로 변경할 수 있겠는가?

____

____

____

____

• 당신이 이 내담자를 상기하게 된 이유가 무엇이었는가? 그리고 당신에게 그런 방식으로 비춰지도록 왜곡시킨 것은 무엇인가?

____

____

____

____

• 어떤 이유로 당신은 이 내담자를 포기하겠다고 생각하였는가?

____

____

____

____

• 당신이 취한 방법들 중 무엇이 필요 이상으로 일을 더 어렵게 만들었는가?

비난하지 않기

모든 갈등은 문제를 일으키는 데 기여한 두 사람 사이의 일이라고 생각하라. 까다로운 내담자가 저항을 하거나 방해하는 데 대하여 비난하기보다는 그들도 그 당시에는 최선을 다해 문제를 해결하려고 노력했다고 생각하라. 다시 말하면 그들도 당신에게 협조하려고 노력했다는 말이다. 다만 그 방법에 있어서 당신이 기대하거나 당신이 좋아하는 방법과 다르게 행동하고 있을 뿐이다. 만일 지금의 사례가 이런 경우라면 당신 또한 이런 막다른 골목에 이르게 한 똑같은 파트너라는 사실을 잊어서는 안 된다. 내담자의 저항 행동과 방어들, 그리고 게임에 주의를 기울이기보다는 이런 일이 일어나는 데 당신 자신이 기여한 점이 무엇인지 살펴보라. 더구나 이런 어려운 관계가 발생된 것이 무엇이든간에 그것은 현재 내담자의 생활에서뿐만 아니라 당신 자신의 삶에서도 계속되고 있는 문제의 일부라고 가정하라.

다음에 소개하는 자기 감독과정의 사례는 어렵고 도전적인 문제를 야기하는 어떤 역전이 주제들을 해결하는 데 도움을 주기 위하여 계획된 것이다. 어떤 질문들은 어떤 구체적인 문제를 일으킨 특정 내담자에 대한 것이고, 다른 몇몇 질문들은 모든 내담자들과 당신과의 관계에서 일관성 있게 나타나는 패턴들을 검토하도록 하는 데 기여하는 것들이다.

유인 자극 밝히기

- 지금까지 치료자로 일해 오는 동안 어떤 유형의 내담자가 지속적으로 당신을 궁지로 몰아넣었는가?

- 이들 내담자와의 만남을 통해 당신의 능력에 도전받게 된 점은 무엇인가?

- 그가 가진 어떤 특성 때문에 과잉동일시하거나 역전이적 매력을 느낄 때, 그 내담자와 어떻게 결탁하게 되는가?

- 때때로 당신의 노력에 기꺼이 동참하지 않거나 기대에 보답하지 않는 모든 내담자에 대해 당신은 무슨 기대를 하는가?

갈등의 원인을 탐색하기

• 당신과 내담자 사이에 실제로 불일치하는 점은 무엇인가?

• 당신의 삶에서 이 갈등은 얼마나 친숙한 것인가? 그리고 그것이 당신에게 무엇을 상기시키는가?

• 당신은 어떤 통제력 상실을 느끼는가?

이전과는 다르게 행동하도록 당신 자신을 관여시키기

• 일이 어떻게 되기를 바라는가?

• 당신의 결단력을 어떻게 증진시킬 것인가?

• 당신 자신이 이전과는 다르게 행동하도록 하기 위하여 무엇을 준비해야 하는가?

대안적 전략들로 실험해 보기

• 잘 극복이 되지 않아 반복해서 연습해야 할 것은 무엇인가?

• 이들 여러 행동들 중에서 더 이상 반복되지 않아야 된다고 생각하는 행동은 무엇인가?

• 이밖에 당신이 할 수 있는 일은 무엇인가?

파트너와 함께 실패를 극복하기

어려운 사례나 역전이 반응을 해결해 나가는 데 있어서 당신의 힘만으로 할 수 있는 일에는 한계가 있다. 마찬가지로, 당신의 치료업무를 평가하는 입장에 있는 권위적 인물인 수련감독자에게 개인적으로 위협자료가 될지도 모르는 것을 발표하도록 하는 그런 전통적인 수련감독 모형에도 문제가 있다. 이러한 문제를 해결할 수 있는 하나의 대안은 이미 앞에서 설명했던 동료 간에 상호적인 감독을 하는 방법이다.

• 첫째, 당신이 신뢰할 수 있는 파트너를 찾아라. 그가 가진 전문성을 믿을 수 있을 뿐만 아니라 그와의 관계에서 편안함을 느낄 수 있는 사람을 선택하라. 이런 요건을 갖춘 자격이 있는 몇 사람의 이름을 아래에 열거해 보시오.

• 이 파트너와 개인적인 만남의 시간을 정한 후에, 그리고 지금 즉시 당신이 직면한 가장 어려운 사례에 대하여 적어 보라. 이 과정은 어떤 갈등관계에도 똑같이 적용되는 것이기 때문에 당신이 어떤 문제를 다룰 것인지는 당신이 선택할 수 있다. 당신이 선택한 동료와의 관계가 무엇이든 간에 당신은 동료감독자에게 충고를 구하는 것이 아니라, 치료단계들이 잘 진행되도록 도와주는 공명판의 역할만 한다는 사실을 주지하라. 이러한 갈등관계와 관련해서 맥락적 배경으로 언급하고 싶은 몇 가지 특징적인 점들이 있으면 아래에 기록하시오.

____

____

____

____

• 당신이 내담자의 어떤 점 때문에 좌절했는지 가능한 한 구체적으로 적어 보시오.

____

____

____

____

• 당신의 관심을 다른 사람의 행동으로부터 당신 자신의 내적인 반응들로 돌려라. 그때 당신에게 나타난 가장 강한 감정들은 어떤 것이었나?

____

____

____

____

• 당신이 치료과정에서 잘 극복하지 못했던 문제들을 해결하기 위하여 이전에 이미 노력해 보았던 여러 방법들에 관한 목록들 중에서 그래도 당신에게 도움이 되고 적절한 방법이라고 여겨졌던 것들에 대해 파트너에게 물어보라. 당신이 생각해 낼 수 있는 모든 방법이 포함된 목록들을 완성시켜 보시오.

1. ______________________________
2. ______________________________
3. ______________________________
4. ______________________________
5. ______________________________
6. ______________________________
7. ______________________________
8. ______________________________
9. ______________________________
10. ______________________________

______________________ ______________________
서명 증인

• 이곳이 어려운 부분이다. 더 이상 이런 일이 일어나지 않도록 문서로 서약하라. 만일 당신이 서약하는 데 망설여진다면 잘 극복되지 않아 노력해야 할 시간이 재차 필요하다고 느껴지는 항목이 무엇인지를 노트에 적어 보라. 당신이 작성한 목록들 중에서 쉽게 해결될 것 같지 않은 항목들에 밑줄을 그어라. 그리고 페이지 밑에 직접 서명을 하라. 당신의 파트너에게도 증인으로 서명을 해 달라고 요청하라.

하나의 표본 목록을 예로 들어 보면 다음과 같다.

1. 내담자가 말한 것과 실제로 행하는 것 사이에 불일치가 있을 때 이를 지적하는 방법으로 직면을 사용하기
2. 내담자가 치료를 통해 변화된 것이 없다고 치료효과에 대해 계속 부정적으로 말하더라도 그가 실제로는 많이 변화했음을 확신시키기 위하여 최선의 노력을 하기
3. 치료회기에서 그가 치료에 대해 계속 아무런 느낌을 가지지 못한다고 할 때 가능한 다른 대안적 방법을 찾기보다 그를 구원하겠다는 확신을 가지고 치료를 계속하는 것
4. 내가 해야 할 일에 대해 지나치게 책임감을 느껴 치료회기에서 한 치의 여유도 허용하지 않는 것
5. 내담자에게 편의를 제공하기 위하여 이미 내가 계획한 스케줄들을 변경하여 지나치게 그에 맞추어 조정하는 것
6. 계속해서 내담자에게 실행하기 어려운 한계들을 부과하는 것
7. 신뢰감을 형성하기 위하여 즉시성과 자기노출을 사용하는 것
8. 내담자의 부인에게 부부치료를 받도록 설득하는 노력
9. 내담자로부터 인정을 받기 위하여, 또 내담자와 내가 함께 가치 있는 일을 해 나가고 있다는 것을 확신시키기 위하여 내가 할 수 있는 일은 무엇이든 해 보이는 것
10. 내담자가 치료의 진전에 대해 울적해하지는 않은지 알아보기 위하여 치료회기들 사이에 종종 내담자에게 전화를 하여 확인하는 것

- 당신이 극복할 수 없는 문제에 대해 이미 해 보았던 방법 대신, 노력하면 해결이 가능할 수도 있는 다른 방법에 대하여 파트너와 함께 생각해 보라. 물론 이 말은 당신에게 친숙하고 편안한 방법을 포기하라는 것을 의미하는 것은 아니다. 당신이 할 수 있는 좀 더 모험적이고, 창조적인 방법에 대

해 융통성 있게 도전해 보라는 의미이다. 당신이 이미 해 보았던 방법과는 반대되는 전략들에 관한 목록을 작성하는 일부터 시작해 보라. 그렇게 해서 당신과 파트너 두 사람이 생각해 낼 수 있는 가능한 한 많은 아이디어를 내어 목록을 만들어 보라. 여기서 중요한 점은 질이 아니라 양이다. 왜냐하면 무력감이나 좌절감은 내가 할 수 있는 옵션이 부족하다는 사실에서 나오기 때문이다. 파트너의 역할은 파트너가 직접 문제의 해결 방법을 찾는 것이 아니라 당신이 가능한 한 많은 대안적 제안을 할 수 있도록 도움을 주는 것이다.

1. ______________________________
2. ______________________________
3. ______________________________
4. ______________________________
5. ______________________________
6. ______________________________
7. ______________________________
8. ______________________________
9. ______________________________
10. ______________________________
11. ______________________________
12. ______________________________

회고하기

이 장에서 설명하는 과정들은 당신 스스로 훈련해 보도록 만든 것이지만 때로는 파트너와 함께 해 보는 것이 더 유용할 수도 있다. 당신에게 가장 잘 맞는 방법이 무엇인지 결정하기 위하여 두 방법 모두 적용하여 실험을 해 보라.

당신이 가진 역전이 문제들 중 가장 해결하기 어려운 역전이 주제들에 대해 앞으로 어떻게 할 것인지를 요약해 보시오.

8장 실패를 인정하고 극복하기

당신이 아무리 준비를 철저히 하고 수련감독자로부터 많은 훈련과 지도를 받았다고 할지라도, 또 당신이 역전이 문제를 주도면밀하게 잘 다룬다 할지라도 때때로 치료에서 실패할 수 있다. 당신이 내담자를 실패하게 만들 수도 있고, 또 당신 자신을 실패하게 만들 수도 있다. 문제는 당신의 노력이 실패로 돌아가느냐 그렇지 않느냐가 아니라, 실패를 하고 난 다음 어떻게 하느냐가 더 중요하다.

실패라는 것이 치료자의 직업에서 반드시 필요한 부분이 아니라면, 모든 사람이 실패가 불가피하다는 신념에 서명할 필요는 없다. 어떤 임상가들은 실패를 인정하는 것을 좋아하지 않는다. 그들은 실패보다는 성공에 대해 생각하기를 더 좋아하며, 드러내 놓고 실패라고 하기보다는 오류나 판단착오라는 용어를 사용하기를 더 좋아한다. 또한 그들은 변화에 대해서도 분명하지는 않지만 서서히 나아지고 있는 작은 단계들을 통해서 변화가 일어나는 것으로 보려고 한다. 다른 임상가들도 실패할 수 있다는 데는 동의하지만, 그것은 단지 다른 사람들에게서 나타나는 일이지 자신에게는 해당되지 않는다고 간주하는 것 같다. 그들은 자신의 부적절성, 판단착오 또는 실수로 인하여 부정적인 결과가 나타났다는 사실을 거부하고, 내담자의 동기가 부족하였거나 저항 때문에 그런 결과가 나타났다고 생각하기를 더 좋아한다.

당신이 실패를 어떻게 보든 관계없이 우리 대부분은 자신의 한계를 극복하기 위하여 준비하는 데 있어서 극히 인색한 태도를 보인다. 많은 스승과 상담자, 워크숍 리더들, 그리고 우리가 좋아하는 저자들은 그들이 부딪힌 실제적 한계들에 대해서 말하기보다는 자신의 장점들을 칭송함으로써 자신이 지향하는 이론을 팔려는 의도를 더 많이 드러낸다. 나는 지난번 워크숍에 갔던 때를 잊을 수가 없다. 나는 거기서 무참히 실패하는 치료기법에 관한 비디오 상영을 보았다. 그러나 그 기법은 내가 일상적으로 하는 일과 견주어 보았을 때 가끔 나에게도 일어나는 것이었다. 나는 이 기법을 창안한 사람이 마치 그 치료는 바보라도 할 수 있는 기적의 치료인 것처럼 행동했기 때문에 그렇게 하지 못하는 사람은 나 밖에 없다는 결론을 내릴 수밖에 없었다.

지도감독과 스태프들의 회의에서도 참가자들은 자신들이 해결하기 힘들었던 사례를 가지고 와서 발표하기보다는 동료들 앞에서 그들이 알고 있는 것을 자랑하며 훌륭하게 보이려고 노력하는 데 더 많은 시간을 할애하는 것이 일반적이다. 치료의 진행과정을 적은 노트에서는 실패 또는 심지어 실수라는 용어는 거의 찾아볼 수가 없으며, 절친한 친구를 제외하고는 어느 누구에게도 말하지 않는 것이 보편적이다.

우리들 중 많은 사람들은 치료효과에 대해 의심을 하기도 하고, 때로는 전혀 실패하지 않는 신화를 이어가는 것처럼 우리 자신을 속이며 살아가기도 한다. 물론 모든 치료자들이 치료에 대한 내적 불만과 의심으로 고통받는 것은 아니다. 그들은 치료과정에서 당면하게 되는 냉엄하고 진지한 문제로부터 거기에 상응되는 적절한 스트레스를 받기도 한다. 어떤 사례에서든지 그 이면에는 우리가 직면하게 될 불가피한 실망들이 도사리고 있기 때문에, 우리는 스스로를 면역시키기 위해 해야 할 일들이 많다.

실패를 부정하기

실패를 부정하고 부인하기 위해 치료자들이 시도하는 많은 방법들이 있다. 당신 자신이 쓰는 방어적 책략들을 살펴보면 재미있을 것이다. 다음과 같은 많은 전략들 중에서 당신은 자신의 실패를 부정하기 위하여 어떤 노력을 하는지 다음 예들을 보면서 체크해 보라.

- 실패를 성공으로 정의하기: 당신이 치료하는 내담자가 분명히 호전되지 않았는데도 당신은 실제보다 치료가 훨씬 잘되어 가는 것처럼 그에게 또는 스스로에게 확신시키기 위하여 노력하는 것

• 당신에게 일어나는 모든 일들을 잘 통제하고 있는 것처럼 가장하는 것: 당신은 상실감과 혼란감을 느낀다. 당신은 일이 어떻게 진행되고 있는지 이해하지 못하고 있고, 또 다음에 어디로 가야 하는지에 대한 분명한 해답이 없는 것이 사실이다. 그럼에도 당신은 마치 지금 맡고 있는 치료 사례가 잘 진행되고 있는 것처럼 행동한다.

• 당신의 통제 밖에 있는 요인들에 대해 비난하기: 치료가 잘되지 않는 것이 당신의 탓이 아니라고 하는 것이다. 당신은 치료에서의 실패가 내담자가 무엇인가를 억압하고 있거나, 내담자의 가족이 치료를 방해하고 있거나, 당신의 회사에서 당신도 모르게 당신의 노력을 방해하고 있거나, 운이 좋지 않아 실패를 한 것 같다고 생각한다.

실패를 통해 배울 수 있는 것들

어떤 치료자도 성공 대신 실패하는 것을 원하지는 않겠지만, 그럼에도 실패를 통하여 배울 수 있는 교훈들이 있다. 특히 이런 일은 부정적 결과나 실패를 인정할 때 생산적인 의미를 가져다준다.

- 당신의 인생에서 실패가 오히려 긍정적인 영향을 미쳤던 때를 기억해 보시오.

예 치료가 매우 잘될 것이라고 무척 기대를 했던 한 내담자가 있었는데, 두 번째 치료회기에는 나타나지 않았다. 아무런 연락도 설명도 없었다. 이 일로 실망을 했지만, 마음이 회복된 후, 나는 오히려 치료가 잘 진행될 때 그 사례에 대하여 더 진지하게 생각을 하며 시간을 보내게 되었다.

• 당신의 인생에서 실패가 오히려 생산적인 변화를 일으켰던 때를 기술해 보시오.

예 몇 명의 동료들과 잘 지내려고 열심히 노력했는데도 우리 사이에 존재하는 거리감을 좁힐 수 없을 것 같았다. 그 결과 나는 어쩌면 이런 임상 장면에서 일하는 것을 그만두는 것이 더 나을지도 모른다는 생각을 하게 되었고 보다 광범위한 생각을 하기 시작하였다. 이런 깨달음이 지금 나 자신의 길로 가게 하는 자극제가 되었다.

• 실패가 당신 자신과 세상에 관한 유용한 정보를 제공해 주게 되었던 때를 기억해 보시오.

예 나는 어느 누구도 선호하지 않는 아이디어를 팔려고 노력하였다. 나는 결국 15번이나 거절당하였다. 나는 성공할 수 있는 다른 영역이 있는데도 계속해서 실패할 것이 뻔한 일에 나 자신을 처박아 두는 것은 무익하다는 사실을 깨달았다.

• 실패가 당신의 행동에 긍정적인 영향을 미치도록 피드백을 주었던 한 예를 적어 보시오.

예 나는 내담자의 말과 행동에서 어떤 불일치가 있거나 내담자가 일관되지 못한 행동을 할 때 이를 지적한다. 그것이 도움을 주는 행동이라 생각하였다. 그러나 이러한 나의 행동이 오해를 받거나 효과가 없음이 여러 번 드러났다. 나는 다른 사람이 내가 제안하는 것에 대하여 들을 준비가 되어 있는지에 대하여 더 많은 관심을 기울여야 함을 배우게 되었다.

• 실패가 당신에게 어떻게 좌절을 견디내게 하고 인내력을 향상시켰는지, 또 더 많은 융통성을 갖도록 만들었는지에 대하여 말해 보시오.

예 나는 최근 골프를 치게 되었다. 나는 형편없이 서툴렀다. 공을 제대로 맞출 수가 없었다. 그러나 나는 처음으로 내 인생에서 어떤 일에 능숙하지는 못하지만 즐길 수 있는 일이 있다는 결정을 내렸다. 실제로 볼을 쳐서 호수나 모래 벙커로 보내기도 하였다. 나는 이런 생각을 내 인생의 다른 영역에도 일반화할 수 있게 되었다.

• 실패가 어떻게 더 큰 창의력과 모험을 해 보도록 하는 도화선이 되었는지 말해 보시오.

예 나는 지금 이제까지 맡았던 학급들 중에서 가장 반응이 없는 학생들이 모인 수업을 진행하고 있다. 내가 아무리 노력하여도 학생들에게 긍정적인 반응을 이끌어 낼 수가 없었고, 웃게 만들 수도 없었다. 내가 잘 사용하는 모든 기술들이 먹혀들지가 않았다. 나의 모든 레퍼토리를 모두 동원해 보았다. 20년을 강의하는 중에 지금 매우 독특한 일이 벌어지고 있었다. 그들은 여전히 내 말에 대해 아무런 반응이 없었다. 그래서 나는 지금까지 한 번도 생각해 보지 않았던 완전히 새로운 수업 전략을 개발해야만 했다. 나는 비록 아직 이 방법을 수업에 적용하지는 않았지만 앞으로 내가 사용하게 될 혁신적인 방법이라고 생각되어 크게 기뻐하고 있다.

실패를 다루기

실패가 당신에게 반성과 융통성, 변화를 가져오는 방향으로 처리될 때는 배움과 성장을 야기한다.

당신이 지금(또는 당신이 최근에 치료를 했던) 치료를 하고 있지만 실패한 것으로 생각되는 한 내담자에 대하여 생각해 보라. 이 사례를 마음에 새기고 다음의 질문들에 대답해 보라.

• 어떤 징후를 보고 치료가 잘되지 않는다고 생각하는가? 당신이 하는 일이 내담자에게 도움이 되지 않는다는 것을 어떻게 아는가?

• 어떤 내담자들은 의도적으로 치료가 잘 진행되지 않도록 하는 것을 즐긴다. 왜냐하면 그들은 실제 문제로부터 당신을 혼란시킬 수 있고, 또 권위적인 인물에 대한 강한 반감을 느끼거나, 치료의 속도를 조절하려고 하거나, 그들 자신의 용어로 치료를 하도록 방해하거나, 또 자신이 지금까지 해 오던 방식대로 친숙한 영역에 그대로 남아 있으려는 이차적 이득 때문에 치료를 지연시키는 것을 즐긴다. 당신의 내담자가 치료를 지연시키려고 하는 결정적 요소는 무엇인가?

• 어떨 때 치료가 제대로 진행되지 않았다고 생각하게 되는가? 사건들을 일어난 순서대로 재구성해 보라(일이 일어난 순서를 재현해 보라.).

• 지금까지 어떤 중재가 가장 많은 도움을 주었고, 어떤 중재가 가장 적은 도움을 주었는가?

• 치료를 방해하는 사람은 누구인가?

• 당신은 어떤 면에서 태만했는가? 어떤 중재법을 선택했는지, 그리고 그 중재법을 어떻게 적용하였는지 검토해 보라.

• 당신이 간과했던 점은 무엇인가?

• 당신이 더 유능한 치료자가 되려고 하는 데 당신 안의 무엇이 방해역할을 하고 있는가?

• 당신은 내담자와 어떻게 타협하였는가?

• 당신이 치료자로서 더욱 발전하기 위해서는 이러한 실패로부터 무엇을 배워야 하는가?

미래를 위한 결심

실패를 해 봄으로써 당신이 하는 일에 대한 가치를 검토하게 된다. 실패는 당신의 행동과 그 행동의 효과에 대하여 생각하도록 해 준다. 실패는 당신의 한계에 대하여 생각해 볼 수 있도록 해 주는 소박한 경험이다.

앞으로 또 실패하게 되었을 때 당신은 이전과는 어떻게 다르게 행동할 것인지 말해 보시오.

9장 치료 작업을 더 기쁘고 즐겁게 만들기

치료자로서 훈련을 받을 때 당신은 치료자라는 존재가 타인에게 도움을 주고, 영향을 미치고, 고통과 아픔을 없애 줄 뿐만 아니라, 치료자 자신도 실제로 즐겁게 느낄 것이라고 생각했기 때문에 훈련을 받기 시작하였을 것이다. 실제로 치료자라는 직업보다 더 많은 창조성과 직관, 위험을 감수하는 것, 그리고 순수한 기쁨을 제공하는 전문직은 많지 않다. 당신의 열정과 풍요로움은 주로 두 가지 자원에서부터 나온다. 하나는 의미 있는 방법으로 실제로 누군가에게 도움을 주는 전략을 개발하고 수행함으로써 나타나는 자부심과 만족감이며, 또 다른 하나는 당신도 그 여행의 중요한 동반자가 되어 그 누군가가 배우고 성장하고 알아 가는 과정을 관찰함으로써 얻게 되는 기쁨과 보람에서 나온다.

치료자들은 이전에 자기 직업에 대해 가졌던 열정들을 쉽게 잊어버린다. 비록 치료회기가 진부하지는 않더라도 일상적인 일이 되어 버린다. 치료라는 일이 천직이 되지 못하고 단순한 직업으로 전락되고, 존경받는 전문직보다는 그냥 사업이 되어 버린다. 당신은 치료과정에서 직면하게 되는 도전들로 점점 더 매력을 상실하게 될수록, 업무적으로 난관에 부딪힐수록 더 쉽게 화를 내게 된다.

그러나 이제 이러한 즐거움과 기쁨은 변화될 수 있다. 이것은 경험이 많은 숙련가뿐만 아니라 초보자에게도 마찬가지다. 나는 지금 탈진에 대하여 이야기하는 것이 아니라 당신이 마지못해 치료활동을 하고 있는 때에 대하여 언급하고 있는 것이다.

당신은 자신의 비참한 운명에 대하여 이야기하는 내담자에게 무슨 말을 했는지 정확히 알고 있다. 당신은 인생이 얼마나 짧은지, 우리에게 주어지는 매 순간이 선물처럼 얼마나 귀중한지에 대해 신이 나서 말했을 것이다. 또 당신은 위험을 무릅쓰고 어떤 일을 하는 것이, 그리고 미지의 일에서 새로운 영역을 탐험하기 위해 당신 자신을 자극하는 것의 중요성에 대해서도 많은 말을 했을 것이다. 또 우리 자신을 위해 스스로 한계를 정하는 일에 대해서도 이야기했을 것이며, 이런 한계들은 단지 당신을 안전한 영역에서부터 밖으로 나가게 함으로써, 또 그렇게 하도록 용기를 줌으로써 초월할 수 있음에 대해서도 이야기했을 것이다. 당신은 내담자에게 직업과 인생에서 더 많은 즐거움을 느끼기 위해서는 인생의 사명인 목표를 추구하고, 그리고 그 목표를 달성하기 위해서 지속적으로 관여하도록 압박을 가하고 또 몰아세웠을 것이다.

위험 감수하기

치료자들이 내담자들에게 그들의 인생에 의미 있는 변화를 일으키기 위해서는 익숙하지 않고 위협적인 상황에서 위험을 감수하는 것이 필요하다고 이야기한 것과 마찬가지로 자신의 일이 즐겁지 않고, 만족스럽지 않다고 느끼는 치료자들의 삶에서도 똑같은 원리가 적용된다.

당신의 업무를 보다 새롭게 창안하지 못하고, 창조적이지 못하게 하고, 또 생활을 더 주도적으로 이끌어 가는 것을 회피하게 하는 이유는 많다. 당신의 아픈 곳을 찌르는 변명들 옆에 체크 표시를 해 보라.

____ 나는 실패라는 결과에 대해 너무 과장하고, 큰 일이 난 것처럼 호들갑을 떤다.

____ 나는 실패를 두려워하며, 실패에 대한 부담이 나를 억압한다.

____ 나는 타인으로부터 인정받는 것을 너무 좋아하여 그들을 실망시키기를 바라지 않는다.

____ 나는 완벽주의자다. 나는 내가 원하는 방식대로 하지 못하면 차라리 시도하지 않는 편이다.

____ 나는 내가 통제를 할 수 없거나 예측할 수 없는 상황에 있을 때는 심한 불안상태에 빠진다.

____ 나는 일이 되어 가는 방식에 대하여 불평을 하면서도, 그 상황을 변화시키기 위하여 노력하기보다는 그 밖의 다른 곳으로 책임을 돌리는 편이다.

당신의 인생이나 직업에서 어떤 일을 함으로써 얻는 것도 있지만 그 일을 하면 무엇인가 잃어버릴 것 같은 위험이 느껴져 실행에 옮기지 못하고 뒤로 미루어야 했던 일이나 경험도 있을 것이다. 이런 경험이 있었다면 세 가지를 적어 보시오.

1. ____

____

____

____

____

2. ____

____

____

____

3. ____

____

____

____

이제 다시 되돌아가서 이 세 가지 사건 중에서 제일 먼저 무엇에 대해 이야기하고 싶은지 선택하시오. 당신 스스로 그 일에 대하여 어떤 이유를 대거나 변명을 하고 싶다고 느껴지면 당신과 똑같은 이유를 대는 내담자에게 어떻게 말해 줄 것인지에 대하여 정확히 적어 보시오.

____

____

____

____

____

선호하는 기법들

우리가 일을 해 나가는 과정에서 경험하게 되는 몇몇 기회들은 특히 도전적이고 마음을 설레게 한다. 예를 들면, 내가 해 주는 해석이나 직면에 대하여 내담자들이 저항을 할 때 특히 그러하다. 왜냐하면 그들은 우리가 이야기했던 것과 똑같은 행동을 하고 있는 것을 분명히 볼 수 있기 때문이다. 이때 나는 즉시성을 사용하기를 좋아하는데, 왜냐하면 즉시성을 사용함으로써 바로 그들의 관심을 끌 수가 있고, 또 더 이상 그 행동에 대하여 무시하지 못하도록 그들에게 직면시킬 수 있기 때문이다. 또한 나는 내담자의 생활에서 나타나는 아주 구체적이고 세부적인 사항들을 최대한 활용하기 위하여 비유를 들어 설명하는 것을 좋아한다(바로 그 순간을 위해 꼭 맞춘 듯 계획된 이야기를 하는 그런 비유를).

- 당신이 가장 좋아하여 활기를 불어넣는 기법들과 중재법은 무엇인가?

- 당신의 비밀 무기로 무엇을 소개하겠는가? 이것은 내담자의 저항을 다루기 위하여 거의 누구라도 할 수 있으며, 또 당신이 가장 좋아하는 전략이다.

• 어떤 유형의 내담자와 문제들을 가장 많이 다루었는가? 흔히 이런 유형의 내담자와 문제 유형은 당신이 기꺼이 환영하는 관심사다.

____

____

____

____

____

____

• 이런 유형의 기법들을 사용하고, 또 이런 내담자들을 치료하면서 느끼는 많은 즐거움과 만족감을 다른 업무 영역에까지 일체가 되도록 하기 위해서는 무엇을 해야 하는가?

____

____

____

____

____

____

자기(self) 활용

많은 치료자들이 그들의 직업에 많은 열정과 관심을 쏟아 넣을 수 있는 하나의 방법은 슈퍼바이저를 모방하는 것을 멈추고, 자신의 성격과 스타일에 맞는 임상스타일을 계속해서 발전시켜 나가는 것이다.

이 말은 경험이 많은 치료자들은 임상실제에서 더 많이 '자신'을 활용한다는 것을 뜻한다. 단지 조력 기술에 의존하는 것이 아니라, 자기 자신을 치료 장면에 더 많이 투입한다는 의미다. 이것은 당신의 욕구를 충족시키거나 자기의 마음이 내키는 대로 치료를 한다는 의미가 아니다. 오히려 이와는 반대로 매 순간 내담자의 욕구에 더욱 민감해진다는 의미다. 즉, 당신의 '느낌의 감'이 정확하지 않을 때 당신 자신과 당신의 임상적 판단을 더욱 신뢰하고, 또 필요하다고 생각되는 중재법을 더 많이 시도해 보라는 말이다. 또한 다른 사람과 같이 되는 것을 중지하고, 더욱더 당신 스스로의 스타일이 되도록 노력하라는 의미이다.

다음에 소개하는 각각의 전략들을 살펴보고, 당신이 하고 있는 일에 대해 더 많은 기쁨을 느끼기 위해서 어떻게 당신 자신을 더 많이 사용할 수 있는지 그 방안에 대하여 적어 보시오.

- 직관적 평가: 이 말은 당신 자신의 임상적 훈련과 수련감독자의 판단, 그리고 자문을 통한 다른 자료들에만 의존할 것이 아니라, 일이 어떻게 진행되고 있는지에 대한 당신 자신의 느낌과 판단에 의존하라는 뜻이다.

• 초월적 공감: 이것은 치료에서 당신과 내담자가 서로의 마음과 느낌을 읽을 수 있는 바로 그 신비로운 순간을 의미한다.

• 즉시성: 당신이 어떤 한 내담자가 경험하는 것을 함께 공유하게 될 때보다 더 강력한 효과를 내는 중재법은 많지 않다.

• 자기노출: 자기노출은 내담자와의 신뢰감 형성에 도움을 주고 효과적인 행동의 모델 역할을 하며, 또한 동일시를 촉진시키기 위하여 당신 자신의 삶에서 경험한 어떤 것을 상황에 맞게, 적절한 순간에, 그리고 서로 공유하는 것을 말한다.

• 계획된 시범: 당신이 치료회기에 더 많은 에너지를 불어넣을 때 치료회기는 더 활기차고 생동감 있게 된다. 이것은 말하는 것뿐만 아니라 행동으로 직접 보여 주는 것을 의미한다. 어떤 주제에 관하여 단지 말로 하는 것이 아니라 행동으로 보여 주는 것이다.

기쁨을 창조하기

당신의 직업이나 인생에서 더 많은 기쁨과 즐거움을 느끼기 위해서 이전과는 달리 무엇을 해야 하는지에 대하여 적어 보시오.

10장 심신의 탈진 상태를 피하고, 대처하기

치료자들이 자신이 하는 일에 기쁨을 상실했을 뿐만 아니라, 일을 하는 과정에서 자기 자신을 상실한 그 순간들(또는 그런 상태)을 무시하게 될 때 탈진 상태가 초래된다. 탈진 상태는 우리를 함정에 빠뜨리고, 계속 누적되어 우리의 상태를 악화시킨다. 사실 '녹슬다'라는 의미가 더 적절한데 왜냐하면 어떤 치료자도 한순간에 파멸되는 것이 아니라, 서서히 일에 대하여 흥미를 잃어가고, 또 내담자들이 경험하는 것과 비슷한 증상들을 나타내기 때문이다.

이미 자기가 탈진 상태에 있다고 깨달은 치료자일지라도—치료회기 중 시간을 계산하고, 또 은퇴까지 며칠이 남았는지 헤아리는—많은 치료자들은 그들에게 무슨 일이 일어나고 있는지에 대한 자각 없이 여러 징후들을 보여준다.

탈진 상태의 평가

다음 각 항목들에 대해 1~3점 척도로 평가해 보라. 1은 증상이 나타나지 않는 상태이고, 2는 확실하지 않음을 의미하고, 3은 분명히 증상이 나타남을 의미한다.

____ 나는 결과를 과장하거나 비극적일 것이라고 생각한다.

____ 치료회기 중 생각을 한 곳에 집중하기가 어렵다. 마음을 종잡을 수가 없고 자주 공상에 빠지는 경향이 있다. 계속 주의가 산만해진다.

____ 내담자나 동료들에 대하여 안달하는 마음이 커지고 있다.

____ 내담자를 향해 냉소적이고, 의심하고, 비판하는 태도를 갖게 된다.

____ 동료들의 지지가 부족하다고 느껴지고, 심지어 많은 동료들과 심한 갈등 상태에 있거나, 마음이 맞지 않는다고 느낀다.

____ 오전에 일을 시작하기가 싫어진다.

____ 나는 업무의 질적인 면과 관련된 최소한의 투자만 한다.

____ 나는 내담자가 치료 약속을 취소할 때 오히려 더 큰 안도감을 느낀다.

____ 일이 상투적이고, 무슨 일이 있는지 뻔히 알 것 같고, 지루하고, 또 도전할 만한 것이 없다고 생각한다.

____ 수면을 방해하고 낮 동안 일상의 다른 기능을 방해하는 스트레스 증상을 알고 있다.

____ 나는 외롭고 고립되어 있다고 느낀다.

____ 나는 치료자로서의 일이 아닌 다른 일에 대해 자주 공상을 한다.

재미삼아 당신의 점수를 모두 더한 뒤 당신이 근무했던 연수로 나누고 거기에다 신발 치수를 곱하여 보라! 총점이 중요하지 않다. 중요한 것은 당신이 탈진되었다고 느끼는 정도를 바로 검토하는 것이다. 이 문장에서 가장 중요한 단어는 '정도'이다. 왜냐하면 탈진이라는 것이 점진적일 뿐만 아니라 일련의 연속선상에 놓여 있기 때문이다.

거의 모든 사람들이 탈진 상태를 느낀다. 그러나 문제가 되는 것은 그것이 만성화되어 파괴적 행동을 일으킬 때, 그리고 우리의 삶의 질과 업무의 효율성을 방해하게 될 때이다.

방금 열거한 탈진 상태에 관한 여러 증상들을 검토하면서 당신에게 가장 문제가 되는 것들이 무엇인지 적어 보라.

1. ______________________________

____

____

2. ______________________________

____

____

3. ______________________________

____

____

당신이 할 수 있는 일들

당신의 업무나 생활에서 변화가 필요한데도 불구하고 마지못해 하거나, 무력감을 느낄 때 정서가 고갈되고 열정이 소진된다. 탈진 상태를 예방하거나 탈진 상태가 미치는 오염들을 중화시키기 위하여 당신이 할 수 있는 다음의 목록들을 고려해 보라.

- 근무환경을 더욱 인간적인 환경이 되도록 주도적으로, 전향적으로 변화시킴
- 치료 환경을 변화시킴
- 일상적인 스케줄에서 필요한 한계를 정함으로써 스트레스가 덜 발생되도록 함
- 당신이 가진 부정적 태도의 근원을 알아냄
- 당신의 관심을 끄는 새로운 치료 방법에 대하여 공부를 시작함
- 당신을 다른 방법으로 변화시켜 줄 새로운 슈퍼바이저를 찾을 것
- 새로운 친구를 사귈 것
- 하루 중 일부를 명상이나 반성적 활동을 하는 것에 할애할 것
- 지지그룹을 만들거나, 지지그룹에 참여할 것, 그리고 당신의 마음을 깨끗하게 정화시켜 줄 만한 곳에 가서 휴식을 취할 것
- 안식년을 갖거나 다른 나라를 여행할 것
- 일정 기간 동안 직업을 교환해 보기
- 치료에 열중하기
- 업무 이외에 다른 흥미 거리를 만들기
- 당신의 부채와 소유욕을 줄일 것
- 휴식 때는 당신의 역작들을 가지고 가기
- 치료에서 새로운 지향을 고려하기
- 자기평가, 자기보호 그리고 자기성장에 초점을 둔 치료자를 위한 워크북을 완성해 볼 것

앞에서 당신이 체크했던 탈진 상태에 관한 가장 중요한 각 증상을 중화시키기 위하여 당신이 할 수 있는 일 두 가지만 선택해 보라. 앞에서 제안했던 것에만 제한하지는 마라. 앞에서 언급했던 내용들은 단지 이 문제에 대하여 당신이 어떤 생각을 해 볼 수 있도록 하기 위하여 대표적인 예로 계획된 것이었다.

1. ____

____

____

2. ____

____

____

3. ____

____

____

아이디어를 창조하는 능력

당신 혼자 힘으로 탈진 상태를 극복할 수 있는 많은 방법들이 있다. 믿을 만한 동료들과 함께 점심시간을 보내도록 하라. 일상적인 일에 대해 이야기하는 대신에—당신이 싫어하는 어떤 일에 대해 불평을 늘어놓거나 성가시게 하는 일에 대해 불평을 늘어놓는 것—당신이 탈진 상태에 대해 대항하거나 미래에 그런 상태가 발생되는 것을 예방하기 위하여 당신이 할 수 있는 모든 창조적인 일들에 관해 철저하게 목록을 작성할 수 있도록 대화를 구조화해 보라. 당신은 목록을 작성하는 필기자 역할을 하고, 그리고 그것을 복사한 뒤 참여한 모든 사람들에게 나누어 주라.

이렇게 작성한 새로운 처방들 가운데 당신이 가장 좋아하는 것은 무엇인가?

당신이 취할 수 있는 다른 단계들

당신 혼자 힘으로 제안했던 아이디어와 브레인스토밍 중에 제안되었던 아이디어 이외에 탈진 상태에 대처하거나 파괴적인 영향력이 나타나기 전에 예

방할 수 있는 몇 가지 다른 단계들이 있다.

- 당신의 삶을 다양화하기: 삶의 만족이 단 하나의 측면에만 국한되지 않도록 하라. 관심 분야와 친구 관계, 여가활동을 통하여 당신 자신을 확장시킬 수 있는 방법이 무엇인지 살펴보라.

- 긍정적인 것에 초점을 맞추기: 계속적인 노력을 통하여 당신의 업무를 차별화할 수 있다. 당신이 했던 일 중 가장 중요한 일은 무엇이었는가?

- 타인과 접촉하기: 자문을 구하기 위하여 누구에게 의지하는가? 다른 사람들과 중요한 만남의 시간을 갖기 위해 할 수 있는 방법은 무엇인가?

• 건강한 생활방식을 취하기: 먹고, 자고, 운동하는 습관과 같은 하루 일과에서 어떻게 당신 자신을 변화시킬 것인가? 그리고 어떻게 자신의 시간을 관리할 것인가?

• 이전과는 다르게 자신에게 말하기: 무기력이나 무력함을 느끼지 않도록 하기 위해서 당신이 처한 어려움을 어떻게 재구조화할 수 있는가?

• 당신이 다른 사람들에게 어떤 방식으로 생활하라고 충고하는 것처럼 그렇게 생활해 보기: 더욱 발전 지향적인 삶을 살기 위해서 어떤 입장을 취해야 하는가?

친구나 동료들을 도와주기

문제가 있는 치료자들은 그들을 위해 중재해 주는 사람이 없기 때문에 계속해서 자신이나 내담자들을 해칠 수 있다. 이 말은 단지 내담자의 공공의 복지를 보호하라는 의미가 아니다. 이것은 우리들이 내담자뿐만 아니라 어려움에 처한 동료들을 위하여 도움을 주거나, 그들과 접촉하려고 기꺼이 노력해야 한다는 의미다.

당신은 우리와 같은 전문가들 중에 탈진 상태에 있는, 그것도 매우 심한 탈진 상태에 있는 누군가를 알고 있을 것이다. 이 사람은 이미 도움을 거절했을 수도 있고, 또 자신의 문제를 부인할 수도 있으며, 자신의 문제에 직면하지 않으려고 할 수도 있다. 우리 모두는 내담자를 보호할 책임뿐만 아니라 동료들을 돌보아야 할 책임도 있다.

- 지금 당신은 어려움에 처해 있고, 어려움을 해결하려고 노력하고 있다고 상상해 보라. 어떤 관심 있는 동료가 당신을 돕고자 한다면 어떻게 하는 것이 당신을 가장 잘 돕는 일인지 생각해 보라.

____

____

____

- 어려움에 처한 다른 치료자를 돕기 위하여 당신이 취할 수 있는 단계에는 어떤 것이 있는가?

____

____

____

행동을 통한 해결

앞으로 언제 닥칠지 모르는 탈진 상태로부터 자유로워지기 위하여 다음 1주일 내에 당신이 할 수 있는 한 가지 일에 대하여 생각해 보라.

탈진 상태로 고통받고 있는 동료와 접촉하기 위한 당신의 해결책에 대하여 생각해 보라.

11장 지지체계의 구성과 유지

우리가 탐색했던 스트레스, 탈진 상태, 지루함, 무기력과 같은 많은 문제들은 인생에서 당신이 확보하고 있는 지지의 정도와 지지 폭에 따라 영향을 받게 된다. 치료자들은 친구관계와 가족관계를 억제하거나 심지어 무시할 정도에 이르기까지 자신의 업무에서 지나치게 세세한 것까지 계획을 짜는 것으로 유명하다. 또한 우리들은 항상 사람들을(특히 거의 매일 최악의 나날을 보내고 있는 사람들) 대상으로 일을 하기 때문에, 친구나 가족들이 우리를 가장 필요로 할 때조차 우리들은 그들과의 접촉을 피하게 되기도 한다.

당신의 삶의 질을 향상시키기 위하여 취할 수 있는 모든 해결책 가운데 지지체계를 확장하는 것보다 더 중요한 것은 없다. 이것은 당신의 주변을 당신에게 자극을 주고, 사랑해 주는 그런 사람들이 모인 곳으로 만들어야 한다는 의미다. 또한 당신의 생활이 분명하고 균형이 잡힌 상태를 유지할 수 있도록 이들과의 관계들을 계속 키워 나가야 한다는 의미다.

관계에 관한 조사

당신이 맺고 있는 최상의 관계를 살펴보는 것부터 시작하자.

- 직장에서 당신의 가장 큰 지지자는 누구인가?

- 내담자와의 관계에서 어떤 관계가 가장 생산적이고 만족감을 주는 관계인가?

이 예비 질문지 검사는 당신이 현재 맺고 있는 최상의 관계를 대표하는 것이다. 이 관계가 당신이 필요로 하는 모든 지지를 제공할 만큼 충분하지는 않지만 그래도 당신이 가장 관심을 가지는 것이 무엇인지에 관한 모델 역할을 할 것이다.

사람들을 멀리하기

당신의 생활에서 충분한 지지를 받지 못하는 이유가 당신이 사람들과 거리를 두려고 하기 때문이라고 가정해 보라. 당신은 일부러 의도적으로 그렇게 할 수도 있겠지만, 거기에는 무의식적 동기들도 작용하고 있다. 다음 페이지에 있는 항목들 중에서 당신이 사람들과의 관계에서 가장 자주 적용하는 것에 동그라미를 하고, 또 최근에 이런 행동을 했던 예가 있다면 적어 보시오.

• 다른 사람들이 당신에게 접근하기 어렵도록 만드는 것

예 새로운 사람을 만날 수 있는 상황에 가고 싶은 생각이 없거나, 또 스스로 그런 상황을 만들지 않는다면 새로운 사람을 만나게 되는 일은 일어나지 않을 것이다. 그럼 좀 외로워질 것이다.

• 다른 사람을 비난하고 판단하기

예 다른 사람이 행동하는 방식에 대해 냉소적인 태도를 취하는 경우가 많다. 이런 태도는 나에게 우월감을 가져다주기도 하지만, 또한 다른 사람들로부터 멀어지게 만드는 역할을 한다. 다른 사람들로 하여금 나에 대해 알 기회를 주지 않거나, 또한 나 스스로 그들을 알려는 기회를 만들지 못하게 한다.

• 다른 사람들이 좌절감을 느낄 정도로 지나치게 인간관계를 통제하려고 하는 것

예 나는 매우 융통성 있는 사람이라고 생각하기를 좋아한다. 그러나 실제로 나는 직업적 처세를 얻기 위해서 일한다. 나는 직업에서는 승리하겠지만 많은 것을 잃게 될 것이다.

• 매력적이라고 여겨지는 사람들과 접촉하는 것을 꺼리거나, 접촉하는 데 부담을 느낀다.

예 사교적인 모임에서 나는 새로운 사람들과 만나는 것을 더 좋아하지만, 늘 잘 아는 친숙한 사람들과 지낸다.

• 다른 사람들이 당신과 친해지려고 하는 것을 막기 위해 의도적으로 치료자의 역할 뒤에 숨어 버리기

예 나는 많은 시간을 들어주고 대답을 해 주는 사람, 즉 이야기를 듣는 사람의 입장에만 있다는 사실을 깨닫게 되었다. 다른 사람들이 나에 대하여 좀 더 잘 알려고 질문할 때는 능숙하게 내 이야기보다는 내가 좀 더 편안하게 느끼는 그들의 문제로 초점을 바꾸어 버린다.

• 보류하기

예 나는 가족들에 대해서와 마찬가지로 내담자들에게도 이런 방식을 취한다. 나는 내 마음대로 뭔가 잘 안될 때는 토라지는 경향이 있다. "그래 좋아, 내가 제공하는 것을 네가 원하지 않는단 말이지." "그래 좋아." "그러면 나도 너에게서 손을 떼야 하겠어." 하고 마음속으로 말한다.

• 다른 사람과의 관계에 우선순위를 두는 데 드는 시간과 에너지를 투자하는 것을 거부하기

예 나는 내 생활에서 더 많은 지지를 받기를 원하고 또 친밀한 관계를 더 많이 가지기를 원한다고 말한다. 그러나 때로는 너무 게을러서 계획한 것을 의도대로 끝까지 수행해 내지 못한다. 폭풍우가 거의 없는 편안한 세상에 머무르는 것이 훨씬 쉽다고 생각하는 식이다.

행동계획

당신이 어떻게 다른 사람들과 거리를 두려고 하는지에 대해 살펴본 결과, 당신은 스스로 다른 사람들과 더 친밀해질 수 있는 가능성을 없애려고 하는 몇 가지 자기 파괴적인 행동을 하고 있다는 것을 발견하였을 것이다. 만일 당신이 이러한 패턴을 변화시키기 위하여 무엇인가를 할 예정이라면 결정적인 행동이 필요하다.

• 당신이 사람들과의 관계에서 더 사랑스럽고 만족스러운 지지체계를 구축하기 위해서는 어떤 것에 더 많은 노력을 기울이며 관여해야 하는가?

______

______

______

______

______

______

• 당신이 지금까지 해 오던 행동방식을 중지하고 새로운 방식으로 다른 사람들과 관계를 맺기 위해서는 기꺼이 무엇을 해야 하는가?

______

______

______

______

______

______

• 당신이 방금 작성했던 관여하기를 기초로 하여 당신의 궁극적인 목적을 추구하기 위해 해야 할 다음 단계는 무엇인가?

______

______

______

______

______

______

당신의 지지집단에서 실천할 것을 찾아보기

직장에서 자주 나타나는 친숙한 패턴 중의 하나는 우리들은 대부분 신뢰할 만한 동료들을 찾아내고, 또 그들과 함께 시간을 보내기를 좋아한다는 사실이다. 이런 동료들이란 당신이 함께 점심을 먹으러 가거나, 일과 후 함께 술을 마시러 가고, 또 사교적 모임을 갖거나, 또는 아무런 할 일이 없거나 다급한 일이 생길 때 생각이 나는 사람들이다. 이들과의 상호작용은 우리들이 행복을 느끼는 데 결정적인 역할을 한다. 그들은 우리들의 외로움을 덜어 주고, 지지받는다는 느낌과 든든함을 느끼게 해 준다.

어떤 경우에는 이러한 절친한 친구들과 함께 시간을 보내는 것이 더 좋을 수도 있지만 때로는 더 나쁠 수도 있다. 내가 동료들과 함께 시간을 보낼 때 주로 하는 행동패턴 중의 하나는 우리가 어떤 것에 대하여 불평(우리가 어떤 대접을 받았는지, 우리가 어떻게 인정을 받지 못했고, 또 대가도 지불받지 못했는지, 우리가 만나는 내담자들과 동료들이 얼마나 우리 삶을 불편하게 만드는지에 관해 이야기하는 것)하면서 많은 시간을 보내는 것이 누군가에게 도움이 된다고 착각을 한다는 사실이다.

학교에서, 교사들의 휴게소에서, 상담소의 스태프들 방에서, 직장 근처의 커피숍에서, 시내의 번화가 술집에서, 치료자들은 함께 모여 서로 투덜대거나 불평을 하며 많은 시간을 보낸다. 물론 이것은 좋은 느낌을 준다. 그리고 이런 느낌 때문에 우리들은 또 그렇게 행동하기도 한다. 그러나 결정적인 의문은 이런 종류의 지지그룹이 앞으로도 계속 모든 측면에서 진정으로 도움이 될 것인가 하는 점이다.

결과를 확인하기

- 당신이 감정을 발산하기 위하여 동료들과 가진 모임들 중 관찰한 부정적 결과에는 어떤 것들이 있는가?

____

____

____

____

____

____

- 다음 주제들 중에서 어떤 것이 당신의 마음에 떠오르는가?
  - 피해자처럼 느껴지게 하는 것
  - 불평하는 분위기를 만드는 것
  - 무엇인가 잘되어 가는 것에 에너지를 투입하기보다는 잘못되어 가는 곳에 에너지를 투입하고 있다고 느끼게 만드는 것
  - 당신이 처음 출발했던 곳으로 되돌아가게 하는 순환적인 상호작용에 참가하게 되는 것
  - 논의했던 문제와 관련하여 당신 자신의 역할에 책임을 지거나 행동으로 실천하는 것을 거부하는 것
  - 짧은 순간 좋은 기분은 들었지만 그 후에는 기분이 나빠지는 것

치료과정에 대한 자문

만일 당신이 불평이나 푸념을 늘어놓지 않으면서 그 누군가와 계속 지지적인 입장을 유지하고 싶다면 당신이 속한 조직의 지지체계에서의 상호작용하는 방식을 어떻게 변화시켜야 하는가? 당신이 그들과 함께 시간을 보내는 과

정에서 무엇을 변화시켜야 하는가?

만일 당신이 돈을 받고 일하는 전문 리더이거나, 또는 지지그룹을 관찰하도록 고용된 조직행동에 관한 자문가라면 당신의 지지그룹 내에서 가장 기능적인 역동과 행동은 무엇이고, 가장 역기능적인 역동과 행동은 무엇이라고 생각하는가?

- 가장 생산적이고 도움이 되는 행동패턴:

- 가장 역기능적 행동패턴:

추천하기

당신이 정기적으로 만나는 전문가 그룹 내에서 일관성 있게 나타나는 행동 패턴을 확인하였다면 그들에게 상호 이득이 되고, 만족스럽고, 지지적인 모임이 되도록 돕기 위해서는 어떤 변화가 이루어져야 할 것이라고 생각하는가?

- 전문가들 사이에 이전보다 더 도움이 되는 상호작용이 이루어지도록 하기 위하여 설정해야 할 제한들:

- 앞으로 더욱 지지적인 상호작용이 이루어질 수 있도록 하는 데 필요한 기본적인 규칙들:

- 서로 더 많이 보호하고 존경하도록 하기 위하여 변화시켜야 할 패턴들:

• 긍정적인 만남이 더욱 지속적으로 유지되도록 하기 위해 제외시켜야 할 내용들:

• 상호 간에 더 깊은 공감이 이루어지도록 하기 위하여 실시해야 할 새로운 과정들:

• 더 건설적이고 주제가 있는 모임이 되도록 하기 위하여 합의된 중재방안들:

방해물 극복하기

• 당신이 속한 지지그룹을 연구하는 자문가로서, 그리고 진행과정을 점검하는 관찰자로서 판단할 때 일을 계속하면서 야기되었던 지금까지의 문제를 변화시키려고 할 때 무엇이 가장 방해물이 될 것이라고 생각하는가?

• 이런 변화들을 극복하기 위하여 당신이 취할 수 있는 행동은 무엇인가?

행동으로 실천해야 할 시간

조직 내에서 지지체계를 만드는 일은 치료자로서 업무의 질을 향상시키기 위한 방법 중의 하나다. 특히 당신이 소속된 지지그룹이 상호적인 존경과 보호 문화를 만들어 내는 그런 가이드라인을 가지고 형성되었다면 더욱 그러할 것이다.

• 당신은 현재 만나고 있는 동료 집단원들 간의 상호 작용방식을 변화시키기 위하여 무엇을 하려고 하는가?

• 당신이 거주하고 있는 지역사회의 전문가들이 서로 돕고 지지하도록 하기 위하여, 또 정기적으로 함께 만나기를 희망하는 흥미가 많고, 열정적이고, 서로 마음이 맞는 동료들을 모으기 위하여 어떤 계획을 세우고 있는가?

12장 당신 삶을 변화시키기

자신의 삶을 변화시키기를 원하는 치료자들은 어디로 가야 하는가? 다른 치료자에게 가야 하는가? 이상적으로는 그럴 것이다. 당신은 개인적인 문제를 해결하기 위하여 다른 전문가에게 여러 번 자문을 구한 적이 있었을 것이다. 대부분이 그러하듯 다른 사람의 입장에서 자신의 문제가 어떻게 보이는지 알기 위해서일 뿐만 아니라, 당면한 문제를 해결하기 위하여 다른 전문가에게도 자문을 구하였을 것이다. 어떨 때는 당신이 참여한 슈퍼비전이나 워크숍과 같은 간접적인 경험의 결과로 변화를 경험하였을 수도 있었을 것이다. 때로는 어떤 책을 읽고 난 후 이전과는 다르다는 그런 심오한 느낌을 가진 적도 있었을 것이다.

종종 우리 치료자들은 극단적으로 나쁜 내담자가 되기도 한다. 내가 한 치료자를 만났을 무렵 나는 그런 문제를 다루는 데 매우 능숙한 기술을 가지고 있었다. 나도 당신처럼 모든 것을 세밀하게 분석하고 주지화 경향이 있었기 때문에 진정으로 마음이 완전히 이완되지는 않았다. 그 당시 나는 치료의 진행과정을 주시하면서 치료자가 하고 있는 일을 관찰하고, 내가 어떻게 반응하는지를 기록하고, 만일 내 역할이 바뀐다면 나는 어떤 점에서 그 치료자와는 다르게 행동할 것인지에 대해 관심을 가지고 관찰하고 있었다.

결국 나는 그 치료자와 너무 가까워지지 않도록 게임을 하는 셈이었다. 어떤 목적을 위해 그렇게 한 것은 아니었다. 나는 진실로 지불한 돈의 가치만큼만 노력을 하였다. 하지만 치료과정이 어떻게 그렇게 신비롭게 감명을 주게 되는지에 관해 많은 것을 알게 되었다는 것만이 내가 얻은 수확이었다.

치료자를 위한 치료

나는 내담자로 방문한 여러 명의 치료자들을 치료한 적이 있다. 치료자를 치료하는 일이 매우 힘들었다고 생각한다. 치료자를 치료하면 소개 단계에서는 많은 시간을 절약할 수 있다. 그러나 여전히 내가 다른 내담자를 위해 할 수 있는 일과 비교해 볼 때 치료자인 내담자를 치료할 때 내가 할 수 있는 일에는 한계가 있었다. 이러한 현상들은 개인치료에서뿐만 아니라 집단치료에서도 마찬가지로 나타날 수 있다.

훌륭한 내담자가 되지 못하게 방해하는 것

당신이 이전에 내담자로 치료를 받았던 경험을 떠올려 보라. 그 경험에서 당신이 도움을 받는 데 가장 방해가 된 행동이 무엇이었는지 기억해 보라. 나의 경우 그 경험은 내가 내담자로 의자에 앉아 있는 동안 배웠던 것으로, 지금까지 한 임상가로서 내가 가진 가장 큰 편견이 무엇이었는지를 분명하게 드러나게 해 주었다. 이 질문에 대답하기 전에 처음 누구에게 치료를 받기로 결심했는지, 어떤 점이 치료를 계속 받도록 하였는지, 당신과 치료자가 했던 게임은 무엇이었는지, 또 다룰 필요가 있었던 문제들 중에서 어떤 영역을 다루기를 가장 기피하려고 했는지, 또 당신이 실천하겠다고 말은 했지만 결코 행동으로 실천하지 않았던 것은 무엇인지 등에 대해 생각해 보시오.

새로운 계획

내 스스로 이 질문에 대답해 보면 나는 내가 얼마나 영리하고 위트가 있는지를 치료자에게 보여 주기를 원하면서 동시에 치료자에게 경쟁심을 느꼈던 일이 기억난다. 나는 치료자가 나에 대해 좋은 생각을 가지도록 해야 한다고 생각했기 때문에, 또 우리는 같은 분야에서 일하는 동료이기 때문에 등등의 이유로 현재의 고통은 최소한 내 보이고, 가장 좋은 면만을 보이려고 노력하였다. 더군다나 내가 치료자로 일할 때 극심하게 방황하던 어떤 내담자가 내게 했던 것처럼 나도 한 내담자로서 치료회기를 조절하기도 했다. 심지어 나는 내가 받은 치료의 주제가 무엇인지, 다음 회기에는 어떤 내용을 이야기할 것인지를 적은 내 자신의 치료과정에 관한 노트를 작성하기까지 하였다. 모두가 내가 얼마나 진심으로 나 자신의 치료를 위해 노력하고 있는지를 치료자에게 보여 주려는 의도에서 비롯된 것이었다.

그러나 나는 늘 다음 치료시간에는 이런 방식과는 다르게 치료에 임해야겠다고 맹세하곤 하였다. 내가 했던 게임에 관해 솔직해지고 싶었던 것이다. 결국 나는 나의 매력을 보여 줄 수 없는, 특별한 인상을 남길 수 없는, 나의 엉덩이를 차 버릴, 나의 불평에 직면하게 해 줄, 그리고 더 큰 자비를 간청할 정도로 혹독하게 나를 치료해 줄 그런 사람을 선택하게 될 것이다.

당신의 계획은 어떤가? 만일 당신이 가까운 시일 내에 내담자로서 치료를 받게 된다면 치료 경험을 통해 가장 많은 것을 얻기 위하여 치료회기에 어떻게 접근하는 것이 바람직한지에 대하여 적어 보시오.

____

____

____

____

____

____

____

____

변명을 직면시키기

만일 당신이 모든 면에서 나와 같다면 왜 당신이 받았던 치료가 최선으로 이루어지지 못했는지에 대해 여러 가지 이유를 댈 것이다. 내담자들이 자주 제기하는 구실거리에는 다음과 같은 것이 있다.: "치료비가 너무 비싸요." "시간이 없어요." "아마 도움이 되지 않을 거야."

좋다. 이것이 시작이다. 그러나 이것으로 충분하지 않다. 치료자인 우리는 왜 모든 사람에게 유익하다고 생각되는 것을 함으로써 건강성을 추구하지 않는지에 대해 매우 그럴듯한 이유들을 가지고 있다.

이런 생각을 할 수 있는 가장 큰 이유는 내가 원하는 모든 요건을 갖춘 사람이 주위에는 아무도 없고, 또 내가 신뢰할 수 있는 사람이 아무도 없다는 것, 나를 완전히 꿰뚫어 볼 수 있는 사람은 아무도 없다는 것 등이다. 물론 치료비가 너무 비싸고, 시간이 없고, 실제로 치료가 도움이 되지 않을 수 있다는 것이 사실일 수도 있다.

왜 당신은 가장 도움이 필요한 시기에 치료자를 찾지 않는지에 대해 당신의 마음속에 떠오르는 어떤 변명들이 있다면 적어 보시오.

당신 자신이 내담자 되기

우리의 직업이 가져다 주는 선물 중의 하나는 우리가 아는 것과 우리가 할 수 있는 것을 우리 자신의 삶에 응용할 수 있다는 점이다. 바로 당신과 비슷한 내담자가 문을 열고 들어왔다고 상상해 보라. 당신은 이 사람의 인생에 관해 세부적으로 수집된 자료들—상처와 실망들, 꿈과 공상들, 기억들—을 통해 이 사람의 생활에 대해 알 수 있고, 또 그것을 치료에 이용할 수 있다. 게다가 당신은 이 내담자에 관한 그 밖의 모든 것, 즉 좋아하는 게임들, 방어기제들, 치료자인 당신에게 너무 친밀해지지 않기 위해 선택하는 전략들까지 모든 것을 알고 있다.

이 내담자, 즉 바로 당신과 같은 이 내담자에게 전례가 없는 그런 치료 효과를 가져오기 위해 취할 수 있는 치료방법은 무엇인가?

대안적 치료 경험들

우리들 중 일부는 치료자에게 고통을 안겨 주는 문제들에 대한 해답을 치료를 통해서는 발견하지 못했을 수도 있다. 나는 치료의 대안으로 내 인생에 심오한 변화를 일으킬 수 있는 여러 가지 대안적 방법에 대하여 알아보았다. 나는 말을 잘하기 때문에 언어를 초월하는 치료법에 관심을 가졌었다. 이상적으로는 그런 치료 경험은 나의 마음을 동요시키고, 나 자신을 새롭게 개혁시키는 방식으로 행동하게 만들며, 더 이상 효과가 없는 구태의연한 전략들에 더 이상 의지하지 않도록 만들어 줄 것이다. 몇 년간의 실험 후 적어도 나에게 꼭 맞는 적합한 방법을 발견하였다. 그리고 이 방법이 당신의 인생에도 중요한 변화를 일으킬 것이라고 생각한다. 이 방법에 대해 함께 탐색해 봄으로써 이 워크북을 끝맺을까 한다.

여행을 통한 변화

나는 치료와 똑같은 종류의 드라마틱한 변화를 만들어 내는 것이 여행 경험이라는 사실을 발견하였다. 사실 나는 여행이라는 것이 치료회기에서 우리가 시도하는 것들과 많은 공통점이 있다고 확신한다.

여기서의 여행이란 당신의 일상생활로부터 벗어나게 해 주는 모든 종류의 떠남을 포함한다. 그 장소는 아마 대부분 낯선 장소이겠지만, 당신의 집으로부터 적당한 반경 내에서의 모험을 의미할 수도 있다. 내가 마음속으로 생각하고 있는 여행이란 당신의 삶을 변화시킬 수 있는 종류의 여행이며, 당신에게 친숙하고 또 치료와 비슷한 공통적인 구성 요소를 가지고 있는 여행이다. 다음 각각에 대하여 자신이 직접 경험했던 내용을 예를 들어 적어 보시오.

• 변화를 위해 마음 자세를 갖춤: 당신은 마음속으로 변화하려고 준비를 하였기 때문에 이미 변하였다. 당신은 당신이 준비한 것과 기대한 것을 바탕으로 스스로를 변화시키기 위하여 모든 프로그램을 구성하였다.

• 일상적인 영향으로부터의 단절: 당신은 전화, 팩스, 컴퓨터로부터 벗어나 있다. 당신에게 가장 영향을 주는 사람으로부터도 격리되었다. 당신은 다른 사람의 의견으로부터 단절되었으며, 당신이 믿는 것을 표현하고 행동할 시간만 가지고 있다.

• 길을 잃는 것: 가장 변화가 쉽게 일어날 수 있는 여행은 예측할 수 없고 예견할 수 없는 일이 일어나는 그런 여행이다. 당신은 계획된 일정과 구조화된 여행 계획을 버려라. 이따금 길을 잃을지라도 당신의 길을 가라.

• 정서적 홍분: 치료에서처럼 당신 내부에서 정서적으로 많은 것이 일어날 때 심오한 변화가 야기된다. 그것은 분노일 수도 있고, 두려움, 질투 또는 기쁨일 수도 있다. 어떤 강한 경험이 일관성 있게 나타나는가?

• 변화 상태와 고조된 감각: 당신이 의식적으로 깨어 있고, 영향을 받기 쉬운 개방된 그 순간이 가장 변화되기 쉬운 시기다. 그 순간에는 흔히 접하는 일상의 사건들도 특별한 부분으로 바뀐다.

• 시간, 공간, 장소를 통한 이동: 움직임이 있을 때 변화가 자주 일어난다. 사람들이 계속 앉아 있는 치료에서는 변화를 이끌어 내기가 더 어렵다. 새로운 경험들은 언제나 당신의 주의를 끌게 하고, 당신으로 하여금 새로운 방식으로 반응하도록 한다.

• 가르침의 순간: 당신은 여행하는 동안 다른 때는 개방하지 않을 경험들에 대해 개방적인 태도를 취한다. 당신은 이제까지와는 매우 다른 방법으로 기꺼이 세계와 당신 자신을 바라보려고 한다.

• 두려움에 직면하기: 가장 어려운 일은 자주 마음이 바뀌려고 한다는 점이다. 여행은 당신의 의지와는 반대로, 그리고 당신의 허락 없이도 회피해 왔던 어떤 문제에 직면하도록 도와준다.

• 문제해결하기: 우리가 치료에서 종종 시도하는 것은 내담자가 새로운 방식에 적응하도록 할 만큼 충분히 불편한 상황을 만드는 것이다. 여행도 이러한 불편함을 야기한다. 특히 당신이 음식이나 안전한 장소, 또는 숙소를 찾아야 할 때는 더욱 그러하다. 일이 잘못되어 갈 때 적응이 요구된다.

- 의미 창조: 여행과 치료적 경험에서는 마지막 단계가 중요하다. 우리는 마지막 단계에서 지금까지 일어난 일에 대해 의미를 부여하는 경향이 있다. 이 시간은 당신이 배웠던 것을 어떻게 적용할 것인지를 결정하는 중요한 시간이다.

____

____

____

____

____

____

미래를 위한 계획 수립하기

여행 그 자체, 그리고 여행하는 동안의 행위가 치료적이라고 볼 수는 없다. 당신이 어디로 가느냐 하는 것도 중요하지만 어떻게 여행을 하느냐 하는 것이 더 중요하다. 나는 이 여행을 마무리하면서 당신 자신의 변화를 위해 노력해 보도록 시동을 걸 수 있는 어떤 종류의 여행을 권유하고 싶다. 당신이 어떤 종류의 모험을 계획하느냐 하는 것은 전적으로 당신이 가장 필요로 하는 것이 무엇이냐 하는 것보다는 당신이 찾고자 하는 것이 무엇이냐에 따라 결정될 것이다. 어떤 치료자들은 그들의 삶에서 더 많은 자극에 목말라 하는 반면, 다른 치료자들은 훨씬 더 적은 자극을, 즉 더 단순해지기를 바란다. 그리고 어떤 치료자들은 그들의 삶에서 더 많은 변화를 추구하지 않을 수도 있다. 그들은 지금처럼 일이 되어 가는 것에 대단히 만족해할 수 있으며, 소수의 몇 가지 일들만 조정되기를 원한다.

당신이 어디에 있든, 그리고 다음을 위해 방향을 어디로 잡든 관계없이 내년에 시도할 여행을 계획해 보라. 어떤 변수가 예상되는지, 당신 마음속에 있는 계획이 무엇인지, 혼자 갈 것인지, 다른 사람과 함께 가는 것이 더 좋은지에 대하여 아래에 적어 보시오.

당신의 길을 발견하기

당신이 여행하는 동안, 그리고 치료자로서 모험을 하는 동안 때때로 길을 잃어버리게 되는 것은 정상적이고 또 심지어 바람직하기까지 하다. 일의 속성상 예측할 수 없이 일이 꼬이고, 돌아가는 때가 꼬이는 이런 일은 우리들 삶에서는 언제나 일어나게 마련이다. 또 당신 자신과 일을 지속적으로 재혁신하지 않으면 당신이 하는 일은 늘 똑같이 반복되고 진부해지기 때문에 이런 일은 항상 일어나게 마련이다. 당신은 때때로 길을 잃을 수도 있다. 왜냐하면 우리가 탐색했던 그런 여러 잡다한 이유들 때문에. 즉, 실제로 여행이 예상했던 것과는 다르게 빗나가기 때문에, 그리고 더 이상 가장 중요한 것이 무엇인지 모르기 때문에, 또는 당신이 다른 사람에게 가르치는 똑같은 원리들을 자신의 삶에 적용하는 데는 실패하기 때문에 우리는 길을 잃을 수도 있다.

• 당신이 이 워크북을 실시하면서 시간을 보내는 동안 당신에게 제시되었던 여러 주제들 중 가장 기억에 남는 주제는 무엇이었는가?

• 당신이 이 워크북을 사용하면서 생각하고, 반성하고, 직접 작성했던 모든 것들을 되돌아볼 때, 지금 현재 당신에게 가장 중요한 점이 무엇인지 아래에 적어 보시오.

• 당신이 다시 내담자를 만난다면 그 내담자에게 이전과는 다르게 무엇을 해 보려고 하는가?

• 이전과는 달리 당신의 개인적 삶에서는 무엇을 해 보고 싶은가?

당신이 제안했던 것이 무엇이든 간에 당신의 삶에서, 그리고 당신의 직업에서, 당신으로 하여금 더 많은 기쁨을 발견하도록 하는 데 도움이 되는 다른 몇 가지 일들이 있다. 그 일들은 아마 당신의 내담자에게 자주 추천을 했던 방법들과 비슷하기 때문에 당신에게는 친숙한 전략일 것이다. 다음의 각 원칙들에 대해 당신이 직접 행동으로 옮길 수 있는 방법이 있으면 제안해 보라.

• 당신이 얼마나 그를, 또는 그녀를 사랑하는지 누군가에게 말하는 것에 대하여

• 당신에게 진실을 말해 줄 그 누군가로부터 정직한 피드백을 받아 보는 방법에 대하여

• 당신은 직접 실천해 보지 않고 내담자에게는 시행하게 했던 방법들에 대해 밝힘으로써 당신의 위선에 대하여 자백하고 인정하는 방법에 대하여

• 가장 어려운 것을 해 보는 방법에 대하여

• 자신을 더 잘 돌보는 방법에 대하여

안녕, 당분간

당신 자신만이 이 워크북을 통하여 무엇을 얻었는지 판단할 수 있다. 당신이 읽었던 많은 다른 책들에서, 그리고 당신이 참석했던 워크숍에서의 경험을 통해 자극을 받고, 깨달음을 얻고, 에너지를 얻었을지라도, 실제 중요한 문제는 그 효과가 얼마나 오랫동안 지속되는가 하는 점이다.

당신은 일상생활에서 단지 며칠 후, 또는 몇 주 후면 당신 자신이 실천하지 않았다는 것을 뻔히 알게 되겠지만, 그래도 당신이 하고자 했던 것과 또 할 필요가 있다고 생각한 일에 대하여 얼마나 자주 다른 사람들에게 진지하게 공표하는가? 당신은 영감을 주는 한 권의 책을 읽고(혹은 적어도 당신에게 중요한 무엇인가를 주는 어떤 것), 당신 자신에게 이제 무엇인가 일이 좀 다르게 되어 가는 것 같다고 말하지만 다시 얼마의 시간이 지나고 나면 옛날과 똑같은 형태로 되돌아갔던 적이 얼마나 자주 있었는지 생각해 볼 수 있다.

당신은 매일 직장에서 곤경에 빠진 채 삶의 문제로 괴로워하는 내담자들로부터 많은 이야기를 듣는다. 그들은 질식할 듯한 느낌, 좌절감, 억압, 방해받는 느낌에 대하여 말한다. 그들은 진정 자신들이 변화되기 위해서 무엇인가를 하기를 원한다고 말하지만, 어떤 이유 때문인지는 몰라도 자신을 위해 그렇게 중요한 일을 스스로 실천하지는 못하는 것 같다(몇 가지 이유가 있는 것 같다). 대신에 그들은 변명을 한다. 그들이 왜 마음을 바꾸게 되었는지, 왜 아직 준비가 안 되었는지, 왜 세상 돌아가는 이치가 그들의 노력을 방해하는지 등에 대해 수많은 이유들을 댄다.

이런 문제에 대해 이해심이 많은 당신이라면 머리를 끄덕일 수도 있을 것이다. 아마 당신은 내담자에게 부드럽게 격려를 하거나 직접적으로 직면을 시킬 수도 있을 것이다. 그러나 때로는 마음속에 좌절감이 들끓을 것이다. 왜 사람들은 자신들이 진정으로 하기를 원한다고 말한 것을 바로 행동으로 옮기지 못하는가라고. 당신의 행동을 점검하는 능력이 약해졌을 때 당신의 머릿속에서 이렇게 울려 퍼지는 것을 들을 것이다. 왜 그들은 자신이 해야 할 필요가 있다고 충분히 인정하고 있고, 또 알고 있는 것을 행동으로 옮기지 못하는가?

이 분야에서 일생을 헌신한 후에 이러한 질문을 받는다면 겸허한 느낌이 들지도 모른다. 왜 내담자들이 해야 할 필요가 있다고 말한 것을 행동으로 실천하지 않는가 하는 것은 과외의 문제이기 때문이다. 이 일은 왜 똑같은 질문이 당신 자신에게 마찬가지로 적용되어야 하는지에 대해 묻는 것과 같다.

여기에 의문이 하나 있다. 이제 당신은 당신 자신에게 있어서 가장 심각한 문제가 무엇인지, 당신의 삶에서 가장 큰 스트레스의 근원과 고난이 무엇인지에 대해 잘 알고 있다. 이 일과 관련하여 당신이 할 수 있는 일은 무엇인가? 가장 중요한 일은 치료자로서 당신의 기쁨과 만족감을 증가시키기 위하여 무엇을 할 것인가 하는 점이다.

당신의 내담자들이 지켜보고 있다.

저자소개

Jeffrey A. Kottler는 심리치료분야에서 가장 많은 책을 저술한 저자들 중의 한 사람이다. 그는 이 작업, 즉 치료자를 위한 워크북이 개업 치료자들의 개인 생활에 좋건 나쁘건 특별히 어떤 영향을 미치는 것처럼, 치료자와 교사들을 위해 사람을 돕는 인간의 차원들에 관해 30여 권 이상의 책을 저술하였다. 이 책은 Jossey-Bass사에서 출판된 그의 이전 책들, 즉 *The Imperfect Therapist*(1989), *The Compleat Therapist*(1991), *Compassionate Therapy*(1992), *On Being a Therapist*(1993), *Beyond Blame*(1994), *Growing a Therapist*(1995), *Language of Tears*(1996), 그리고 *Travel That Can Change Your Life*(1997)와 같은 책에서 제시했던 많은 개념들을 응용하고 있다.

Kottler는 네바다주 라스베이거스에 살고 있다. 그는 여기서 교육과 워크숍 개최, 강의, 여행, 저술 활동을 하고 있으며, 치료자를 대상으로 치료활동을 하는 것을 전공으로 하고 있다.

역자소개

백용매(白容梅)

1960년 경상북도 경산에서 출생

경북대학교 대학원 졸업(문학박사, 임상심리학 전공)

해인정신건강상담센터 소장

California State University, Fresno 객원교수

한국임상심리학회 정신보건임상심리사 수련위원장

한국동서정신과학회 회장

현재 대구가톨릭대학교 사회과학대학 심리학과 교수

임상심리전문가(한국심리학회)

정신보건임상심리사 1급(보건복지부)

학교상담전문가(한국상담학회)

치료자의 자기분석과 성장을 위한 워크북

The Therapist's Workbook

2006년 9월 6일 1판 1쇄 발행
2024년 1월 25일 1판 9쇄 발행

지은이 • Jeffrey A. Kottler
옮긴이 • 백 용 매
펴낸이 • 김 진 환
펴낸곳 • (주) 학지사
04031 서울특별시 마포구 양화로 15길 20 마인드월드빌딩 5층
대표전화 • 02) 330-5114 팩스 • 02) 324-2345
등록번호 • 제313-2006-000265호

홈페이지 • http://www.hakjisa.co.kr
인스타그램 • https://www.instagram.com/hakjisabook

ISBN 978-89-5891-298-9 93180

정가 10,000원

역자와의 협약으로 인지는 생략합니다.
파본은 구입처에서 교환하여 드립니다.

이 책을 무단으로 전재하거나 복제할 경우 저작권법에 따라 처벌을 받게 됩니다.

출판미디어기업 **학지사**

간호보건의학출판 **학지사메디컬** www.hakjisamd.co.kr
심리검사연구소 **인싸이트** www.inpsyt.co.kr
학술논문서비스 **뉴논문** www.newnonmun.com
원격교육연수원 **카운피아** www.counpia.com